承久之乱

『武者之世』的真正到来

[日] 坂井孝一 著

王玉玲 译

江苏人民出版社

图书在版编目(CIP)数据

　　承久之乱:"武者之世"的真正到来／(日)坂井
孝一著;王玉玲译. 一 南京:江苏人民出版社,
2022.4
　　ISBN 978-7-214-26613-2

　　Ⅰ.①承… Ⅱ.①坂… ②王… Ⅲ.①日本一中世纪
史一镰仓时代 Ⅳ.①K313.31

　　中国版本图书馆 CIP 数据核字(2021)第 198825 号

JOKYU NO RAN-SHIN NO "MUSHA NO YO" WO TSUGERU TAIRAN
By Koichi SAKAI
Copyright ⓒ 2018 by Koichi SAKAI
Original Japanese edition published by CHUOKORON-SHINSHA, INC.
All rights reserved.
Chinese (in simplified character only) translation copyright ⓒ 2022 by
Jiangsu People's Publishing House.
Chinese (in simplified character only) translation rights arranged with
CHUOKORON-SHINSHA, INC. through Bardon-Chinese Media Agency,
Taipei.

江苏省版权局著作权合同登记号:图字 10-2020-266 号

书　　　名	承久之乱:"武者之世"的真正到来
著　　　者	[日]坂井孝一
译　　　者	王玉玲
责 任 编 辑	康海源
装 帧 设 计	尬　木
责 任 监 制	王　娟
出 版 发 行	江苏人民出版社
地　　　址	南京市湖南路 1 号 A 楼,邮编:210009
照　　　排	江苏凤凰制版有限公司
印　　　刷	江苏苏中印刷有限公司
开　　　本	787 毫米×1 092 毫米　1/32
印　　　张	8.875　插页 4
字　　　数	154 千字
版　　　次	2022 年 4 月第 1 版
印　　　次	2022 年 4 月第 1 次印刷
标 准 书 号	ISBN 978-7-214-26613-2
定　　　价	58.00 元

(江苏人民出版社图书凡印装错误可向承印厂调换)

目　录

前　言

　　提起"承久之乱"，通常认为这是朝廷最高权力者后鸟羽院（上皇）以打倒幕府为目的发起的一次兵乱。诚然，以此次兵乱为节点，朝廷与幕府的实力关系发生了巨大变化。仅从这个意义来看，承久之乱确实是朝廷意图打倒幕府却以失败告终的历史事件。但这其中存在着一种先入判断，即认为朝廷与幕府的关系是敌对的。而且，大约百年后，企图倒幕的后醍醐天皇被流放至后鸟羽曾经的流放地隐岐岛似乎也影响了这种结论。

　　但是，随着研究的深入与展开，相关成果证明并不能仅以对立的构造来理解朝廷与幕府的关系，后鸟羽的目标在于讨伐执权北条义时，而非倒幕。日本高中的日本史教材中也采用了"后鸟羽发兵追讨北条义时""向全国发布追讨义时命令"的表述方式,而"倒幕""讨幕"的表述则相应减少。

并且,对后鸟羽其人也存在误解。大概很多人都认为后鸟羽轻率地与幕府对抗,反遭幕府流放孤岛,是个不识时务的傲慢无情之人。这恐怕也与前面提到的有关承久之乱的一般理解以及对朝幕关系的先入性认识有关系。但是,后鸟羽是亲自主持编撰被誉为中世和歌最高杰作的《新古今和歌集》的优秀歌人,而且多才多艺,长于各种艺术、学问。在对于后鸟羽的一般认识中,这些侧面往往被忽视了。

后鸟羽院画像
传为藤原信实所绘,藏于水无濑神宫

　　同样,对镰仓幕府的三代将军源实朝其人的认识也存在类似的误解。过去,我们一方面认为源实朝是个天才歌人,不仅创作了众多万叶调雄大风格的和歌,而且自撰家集《金槐和歌集》,另一方面也认为他是一个充满悲剧色彩的贵公子,他的艺术造诣反而导致他在粗犷的东国武士间成了政治上被孤立的无力将军,年纪轻轻便惨遭其亲侄公晓暗杀。不过,这也是先入为主的误解。姑且不论年幼之时,成年后的源实朝作为将军掌握了十足的权威与权力,积极地参与幕政。并且,后鸟羽的朝廷与源实朝的幕府间,不仅不存在对立,反而建立了十分密切的合作关系。源实朝暗杀事件不仅对幕府,对朝廷也造成了很大冲击,并且对承久之乱的爆发也产生了重大影响。

　　本书希望去除这种基于先入观的一般认识,描绘出与学术研究成果相一致的"承久之乱"像。在具体的论述过程中,重视以下两个视角:第一,在院政及镰仓幕府成立、发展的大的历史脉络中对承久之乱进行定位。承久之乱是院发起的兵乱,乱后三位院被处以流刑。当时,院是朝廷政治的中心,因此有必要论及院政这一政治形态。并且,后鸟羽意图打倒的是北条义时,而北条义时本身是镰仓幕府的执权。若不对镰仓幕府的成立与发展进行探讨,便无法展开对承久之乱的论述。

　　第二,为了便于一般读者理解,本书尝试比照现代的社会现象对历史事件进行解读,以此勾勒这段历史的形象。当然,现代日本是自由、平等的民主法治国家,同800年前承久之乱发生时的中世日本存在根本性的不同。但是,同现代人无异的是,对于生活在800年前的人们来说,800年前的当时即是现代,当时的人们也无法预知未来会发生什么。而且,日本社会、日本人乃至于人类也具有不变的本质。为了理解800年前的过去,尝试过去与现代的对话并不是没有意义的。

再者,有必要在进入正文之前对史料的问题作一下说明。中世存在着诸多贵族用于记述自身见闻的日记,如九条道家的《玉蕊》、藤原定家的《明月记》等。这些日记是记录事件发生当时一手情报的同时代史料(一级史料)。但关于承久之乱几乎没有这样性质的史料。比如《承久三年具注历》,本是阴阳师记录笔记的日历,但关于承久之乱爆发时以及之后的记录因忌惮幕府都被抹除了。之所以缺少日记类的史料,或许也是出于同样的原因。此外,还有被认为是仁和寺僧侣记录的日记《承久三年四年日次记》。相对来说,这是可信度较高的史料,但相关的记录不多。

因此,研究承久之乱时往往依据后世出现的著作、编纂史料及军记物语。著作方面,《愚管抄》是常用的史料。该史料是摄关家出身的天台座(比叡山延历寺住持、管理天台宗的最高职务)慈圆在承久之乱爆发前完成的作品,在承久之乱后曾两度追加补充。该史料具有很强的同时代特性，是探究承久之乱发生前史实的优质史料，但关于承久之乱本身只有追记部分中的若干记录而已。

编纂史料方面，镰仓幕府编纂的史书《吾妻镜》最为重要。关于承久之乱的记录也十分详细、丰富。但不容否认的是，《吾妻镜》是幕府基于幕府立场对所得情报进行编纂而成的史料。而且，该史料成书于13世纪末，正是执权北条氏嫡流得宗家掌握权力的时期，因此拥护、彰显北条氏的倾向很强。此外，还有仁和寺僧侣记录的《仁和寺日次记》、镰仓后期成立的编年体史书《百炼抄》、以历代天皇纪为中心的年代记《皇代历》等。这些史料基本都是以日记类记录为基础，虽然史料价值并不低，但记录大抵都非常简略。

另一方面，军记物语《承久记》是专门描写承久之乱的作品，记录最为详细、丰富。现存的写本大致分为"慈光寺本""流布本""前田家本"几种。也有《承久军物语》等异本，但内容和表述方面差异非常明显。题签（贴于封皮之上，用于书写题名的纸签）上题着"承久记慈光寺全"的"慈光寺本"被认为是最早的版本，其史料价值也最高。但是，其中没有关于宇治、濑田之战激烈战斗场面的叙述。"流布本"以"慈光寺本"为基础制成，现存庆长、元和两种"古活字本"以及制版本、内阁文库藏写本等。近年研究发现"前田家本"是摘录"流布本"的作品。《承久军物语》是以"流布本"

为基础，并加入《吾妻镜》记录而创作的异本。《承久记》以最古本"慈光寺本"为中心，部分应用了"流布本"的庆长"古活字本"。但这些作品都存在文学作品特有的虚构与润色，作为史料使用时无疑是需要加以注意的。

另外，中世时期的皇位继承称"践祚"，与其后新天皇登上被称为高御座的玉座，向内外昭示继承皇位的"即位"仪式有所区别。本书统一使用"践祚"一词表示天皇即位。"上皇"即"院"，是"院政"政治的中心，因此正文部分从"院政"的成立开始说起。

序章　中世的开幕

1　院政的成立

从摄关政治到院政

众所周知,平安时代中期的 10 世纪到 11 世纪,是藤原氏作为天皇外戚掌握政治主导权,以摄政、关白之职展开摄关政治的历史时期。11 世纪初,藤原道长所作和歌"此世即吾世,如满月无缺(この世をば　わが世とぞ思ふ　望月の　欠けたることも　なしと思へば)",恰好说明了藤原氏盛极一时的状况。但是,以修建平等院凤凰堂而闻名的藤原道长之子藤原赖通却失去了外戚的地位。随着尊仁亲

王践祚,即后三条天皇的即位,朝廷政治迎来了转机。后三条天皇从藤原氏手中夺回政治主导权,通过制定延久宣旨枡①,实施庄园整顿等,积极地推进了各种政策。

延久四年(1072),后三条天皇让位于贞仁亲王成为上皇,即院。并且,在白河践祚后,仍然以院的身份继续主导政治。但后三条让位后仅半年就去世了,因此无法断定他让位的真正意图是否是开始院政。按照通说,应德三年(1086)实施天皇亲政的白河册立8岁的善仁亲王为皇太子并即日让位,被视为院政的开端。本书亦采用该说法。不过,白河天皇的让位也是出于确立其自身皇统的目的,并非在最初即以开始院政为目的。

实际上,在白河之外,后三条还有实仁亲王、辅仁亲王等皇子。两位亲王都是白河同父异母的兄弟。后三条让位于白河后,在立实仁为皇太子的同时,也决定了由实仁、辅仁在白河后先后继任皇位。根据元木泰雄的观点,当时摄关家藤原师实的养女贤子成了白河天皇的中宫(与皇后几乎地位相同,天皇之后),如若其所生之子继任皇位,摄关家恐再次作为外戚夺回权力,而后三条则意图通过这种方式加以阻止。

---

① 统一的赋课计量器皿。——译者注(本书脚注如无特别说明,均为译者注)

但对于白河而言,后三条的决定却意味着他的子孙无缘继承皇位。在白河看来,势必难以接受。而且,宠妃贤子产下善仁亲王五年后便香消玉殒。白河悲不自禁,据镰仓初期的说话集①《古事谈》记载,白河甚至不惜破坏关于接触死秽的禁忌②,抱住贤子的遗骸久久不肯离去。此后,白河欲将贤子所生的皇子善仁亲王送上皇位的想法越加强烈。

当然,既然后三条预先决定了实仁亲王的皇太子之位,那么白河想要拥立自己皇子的想法必然难以实现。但是,应德二年(1085)实仁亲王却因感染疱疮(天花)去世,于是白河就开始筹谋拥立自身皇统。白河无视后三条指定辅仁继实仁之后接任天皇位的遗志,改以善仁亲王为皇太子,并于当日断然让位,堀河天皇由此践祚。白河立太子并即日让位就是在这样的背景下推进、实施的。

此后,白河作为幼帝堀河的父院行使亲权,执掌政务,开启了院政之路。贤子的养父、新帝的外祖父藤原师实出任摄政。在具体的施政中,二人互相协作,并由白河做出最终裁决。这样的政治模式持续了一段时间。

---

① 收录各种传承故事、民间传说的文学作品集。
② 在古代日本,人们认为死亡是会传染的,接触死者的遗体就会沾染死秽。

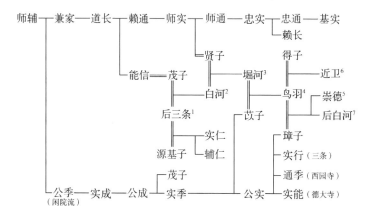

王家、藤原氏关系谱系图

（数字代表皇位继承的顺序）

白河院政的确立

不过，在宽治八年（1094），也就是堀河天皇16岁时，关白之职由藤原师实嫡子即贤子的兄弟师通继承后，情况却发生了变化。33岁正值壮年的藤原师通器宇轩昂，才能过人，意志坚定，以舅父的身份辅佐天皇施政，而不再向白河问询政务。究其原因，其关白之职是直接继承自其父，因此他对白河院便不再有所顾虑。①

不仅如此，根据平安末期历史物语《今镜》的记载，藤原师通还将白河称为"降位之帝"，只将其视为已退位的天皇

———————————————

① 摄关政治时期的摄政之职通常由外戚出任，天皇并无权干涉。

而已,甚至在院御所①前也不行下车之礼。在藤原师通看来,国制机构上正式的帝王始终是天皇,而辅佐天皇的是摄关,院只是非正式的存在。如果按照现代的公司组织来理解,恰如引退后的社长不干涉经营,而将全权交由现任社长以及社员一样。

然而,承德三年(1099)六月时年38岁的藤原师通突然去世,其22岁嫡子权大纳言藤原忠实继承其位。年轻的藤原忠实最初仅官至内览(对上奏天皇的文书进行预先审阅之职),白河再次开始亲执政务。直至长治二年(1105)十二月藤原忠实才在白河的授命下出任关白之职。足见二者实力之悬殊。

不过,堀河成年后便开始积极地参与政务。在当时的贵族社会中,存在着一种根深蒂固的观念,认为天皇亲政才是正式的政治形态。而且,堀河具备作为帝王的优秀资质,期待"贤王"亲政的人不在少数。结果,在天皇堀河与父院白河间甚至出现了对立。

但是,嘉承二年(1107)七月,29岁的堀河去世。白河无视后三条预先指定的皇位继承人辅仁亲王,令年仅5岁的堀河皇子、自身的皇孙宗仁亲王践祚,是为鸟羽天皇。并且,白河拒绝了鸟羽舅父闲院流藤原氏(藤原四家中势力最

---

① 对天皇、上皇、将军等住处的敬称。

强的北家之旁流）权大纳言公实出任摄政的请求，而将摄关视为无关天皇外戚地位、由藤原道长后代世代继承的职务，进而令关白藤原忠实转任摄政。世袭摄关之家的"摄关家"由此成立。同时，白河对藤原忠实的恩遇，还使摄政成为院政之下的从属。由此，身为天皇直系尊属的白河以专制君主的身份开始了真正的院政。

院政的特征

以上的历史经过如实地展现出了院政的某些特征，即院、天皇及摄关的关系。一般来说，院政被理解为由院主导的专制政治。确实，院政具有很强的专制特质，但当时的观念认为天皇是国制机构上的正式帝王，而院只是非正式的存在。井原今朝雄认为，院政期的政治形态是天皇、摄政及院三者的共同执政，三者的实力关系直接决定着实时的院政决策。如果关白藤原师通贯彻强硬的政治姿态，且堀河意欲推行亲政，那么白河作为院只能做出让步。但是，师通、堀河先后去世，年幼的鸟羽与年轻的忠实成为天皇与摄政的话，就会令这种实力关系发生逆转。白河虽然位处非正式的立场，却可以对决定位阶①、官职的官职任命仪式

---

① 位阶，指授予公家贵族的爵位等级，是公家社会中个人身份等级的标识。从最高的"正一位"到最低的"少初位下"，共有30级位阶。其中，五位以上为贵族，三位以上为公卿。日本古代的"官位相当制"规定官员根据位阶出任与之相当的官职。日语中位阶晋升称"叙位"。

（日语称"除目"），甚至皇位继承人的选定等重要朝政加以干涉，成为朝廷政治实质上的指导者以及最高权力的掌握者。这样的地位就是所谓的"治天之君"。

这里必须注意的是，院开设的机构"院厅"的作用。过去，通常将院政期的院厅理解为政治的中心机构。但是，院厅可以参与的仅限院的家政问题，政务本身仍然由朝廷的太政官执行。元木泰雄认为，白河之所以可以按照自身意向运作太政官，是因为年轻的藤原忠实在出任摄政后便被其操控于股掌之间。

另外，据美川圭考证，在摄关政治时期，后三条、白河亲政时期以及堀河天皇在位的白河院政前期，政务基本由公卿会议（公卿指具有三位以上高级位阶的贵族，四位的参议也包括在内）审议决策，根据举行场所的不同，公卿会议的形式可以分为内里近卫阵座（在守卫内里武官"诘所"内设置的公卿坐席）的"阵定"（亦称"仗议"）、清凉殿（天皇日常居住的宫殿）昼御座前天皇亲临的"御前定"以及清凉殿殿上间的"殿上定"。但进入白河院政后期，重要的政务审议场所则变更至院御所，在院御所举行的会议成了"最高的审议机关"。

而支持院的则是院近臣。其中，既有醍醐源氏源俊明这样的侧近公卿，也有当时的一代硕学大江匡房，但大多数院近臣都是在白河介入朝廷人事的条件下得以登用的贵族。这些院近臣往往历任富庶大国的受领①,通过反复买官"成功"的方式为院政提供重要财源。出身末茂流藤原氏(藤原北家旁流)的白河乳母之子藤原显季即是这样的院近臣之一。藤原显季之子长实、家保,家保之子家成也都是院近臣,依仗院的势力,显季一家显赫一时。另一方面,院近臣中也活跃着少数能力出众的事务官僚,如藤原为房、显隆父子及显隆之子显赖等。其中,藤原显隆曾因在夜参院御所时推翻日间关白等公卿们所做出的决策而得名"夜关白"。

镰足—不比等—房前—鱼名—末茂…(七代略)…显季┬长实—得子
　　　　　　　　　　　　　　　　　　　　　└家保—家成┬成亲
　　　　　　　　　　　　　　　　　　　　　　　　　　└西光

末茂流藤原氏简要系谱

院政期的武士与寺社

此外,武士的抬头与寺社的强诉也是院政期的重要特征。在众武士中,河内源氏(清和源氏的一支)的源义家在前九年之役、后三年之役中一战成名。并且,在朝廷将后三年之役定性为私战后,源义家不惜动用私财犒赏随军的东

---

① 即国司,由于新任国司需从前任国司处接手各种文书及事务,故国司亦称受领。

国武士,因而声名更盛。白河也对其恩赏有加,破格授予其升殿资格,但其嫡子源义亲肆意妄为、引起事端,却使其处境急速恶化。

另一方面,伊势平氏(桓武平氏的一支)平正盛作为讨伐源义亲的追讨使也展示出了超乎寻常的武勇。作为恩赏,平正盛被任命为但马守,成为地方诸国中级别较高的一国受领。结果,源平二氏的强弱兴衰之别也由此拉开差距。不过,此时的源平二氏还没有进入对地方武士进行组织的阶段,还只是以都城为据点进行活动的军事贵族"京武者"。同时,还是护卫院御所的"北面武士",构成院的军事力量。

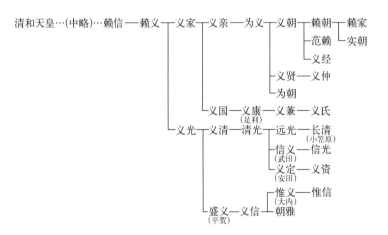

河内源氏略谱①

寺社方面,南都北领即兴福寺、延历寺依仗宗教权威,动辄出动大批武装寺众(僧兵)奉春日社神木、日吉社神舆等神宝向朝廷提出既不合理也不合法的强诉。武士常常被动员抵御僧兵对内里(天皇的居所)、院御所(上皇的居所)的攻势,但由于被禁止攻击神木、神舆以及神人,因此武士的防御线一旦被攻破,朝廷便不得不接受强诉的要求。据《古事谈》记载,对白河院而言,"天下三不如意"有鸭川之水(洪水)、双六之赛(赌博的流行)与山法师(延历寺的僧兵)。可见,频发的寺社强诉对院政造成了极大的影响。

白河的个性与院政

不过,所谓"天下三不如意"也反映出了白河不拘于既成秩序与制法的强烈个性。同时,体现了院基于非正式立场所特有的自由。《古事谈》中除关于白河不顾禁忌,久抱宠妃贤子遗体的故事外,还有一段"雨水禁狱"的故事。据载,每逢举行庆祝金泥一切经(用金泥书写的大藏经)完成的供养会时就会下雨,结果导致法会数次中断。为此,白河盛怒,命人取雨水装入容器内,投入大牢。

另外,白河还曾九次参拜熊野三山。参拜位于纪伊国的本宫、速玉、那智所谓熊野三山称"熊野诣"。白河成为院以后,自永久四年(1116)开始,几乎每年都要率公卿、殿上人(被允许进入内里清凉殿殿上间的人。四位、五位中受到特许者及六位的藏人)等赴熊野参拜。显然,与备受制约的天皇不同,院享受着独有的自由,白河的熊野参拜直接带动了熊野诣在院政期的流行。

人事安排方面极端地体现了白河的强烈个性、自由以及专制。以与鸟羽选妃有关的一系列人事为例,永久元年(1113),白河打算以关白藤原忠实之女、19 岁的勋子(后改名泰子)为鸟羽的后妃。勋子入宫意味着藤原忠实成为天皇的外戚,因此藤原忠实最初十分欣喜,但不久藤原忠实便改变主意,拒绝了白河的提议。导致藤原忠实改变心意的原因不明,但极有可能是对男女关系混乱的白河心有顾虑。传言白河的私生子甚至超过 50 个,这大概引发了藤原忠实对白河真正意图的猜疑,或许只是白河中意了稚嫩的勋子。

永久五年(1117),鸟羽时年 15 岁,闲院流藤原氏公实之女、17 岁的璋子入宫,结果,藤原忠实曾经的猜疑在现实中上演。父亲病逝后,璋子成为白河的养女。其入宫后,不仅没有与鸟羽同房,反而很快就返回了白河御所。其后不久,璋子诞下了鸟羽的第一皇子显仁,但指显仁为白河之子的传言却不绝于耳。在《古事谈》中,鸟羽甚至称显仁为"叔父子"(祖父白河之子相当于鸟羽的叔父,即像叔父一样的儿子)。永久五年(1117)时白河已然是 65 岁高龄,如若传言不虚,那着实是令人震惊。白河十分宠爱显仁,保安四年(1123),在立 5 岁的显仁为皇太子的同日,即令鸟羽让位,是为崇德天皇。

另一方面,藤原忠实在三年前的保元元年(1120)被白河免去内览之职,失去了关白的根本职权。翌年,藤原忠实将关白之职让于 25 岁的嫡子藤原忠通,退隐宇治。根据《愚管抄》的记述,藤原忠实之所以遭到白河贬斥,是因为其在白河远赴熊野参拜之时,遵循鸟羽之意欲以勋子入宫。但事情并非如此简单。美川圭认为,藤原忠实的失势主要是因为白河担心成人后的鸟羽若与藤原忠实君臣联手的话,当年堀河与藤原师通通力配合的局面会再次上演。而且,藤原忠实通过不断积累、扩大庄园的方式,使摄关家逐步成长为权门(拥有权力、权势的门阀)。这才是王家(天皇家)与摄关家两大权门间产生倾轧的原因。

大治四年(1129),如此了得的白河去世,享年 77 岁。加上其作为天皇在位的时间,白河治世长达 57 年之久。结果,原本与白河强烈个性直接相关的专制性逐步固化为院政的施政模式,被其后的上皇世代继承。

2　武者之世的到来

鸟羽院政

白河死后,鸟羽继而开始院政,并实施了与白河截然相反的人事布局。具体来说,即藤原忠实的复权及令改名泰子的勋子入宫。长承二年(1133)泰子入宫,时年 39 岁。在无望诞下皇子的前提下令泰子入宫,无疑是鸟羽与藤原忠实为彰显二者协作关系之举。泰子成为皇后,并且很快便获得了高阳院的女院封号。

另外,藤原忠实在隐居宇治期间,凭借其大殿(对曾经出任摄关职以及幕府将军职者的尊称)的隐然实力,成功使其精心栽培的次子藤原赖长跻身政界。对于长子藤原忠通而言,赖长是与他相差 23 岁的同父异母的弟弟。集其父万千期待于一身的藤原赖长,毅力过人,遍习四书、五经等政务必需之学问(汉学)。《愚管抄》甚至评价他为"日本第一大学生,和汉之才"。备受磨砺的藤原赖长,极具合理主义精神,无论是处理政务还是接人待物都极为严谨、严格,因此很快便成为人人敬畏的对象。

另一方面,在崇德之后,璋子(女院号待贤门院)还为鸟羽诞下了三位皇子。不过二宫、三宫先后夭折,仅四宫雅仁亲王(后来的后白河天皇)无拘无束地长大了。得到两位治天之君宠爱的璋子想必是位魅力非凡的女性。但帝王的宠爱最终还是转移到了院近臣末茂流藤原氏长实之女得子(女院号美福门院)身上。得子虽然年轻,却野心勃勃。保延五年(1139),得子产下皇子体仁,两年后的永治元年(1141),鸟羽便说服崇德将天皇位让给了年仅 3 岁的体仁,是为近卫天皇。据《愚管抄》记载,鸟羽劝说崇德以体仁为犹子(以他人之子为子嗣并予以扶持。不同于养子,与血亲父母的关系不变,亦不必改名),以让位"皇太子"的方式退位,这样崇德便可以主宰院政。但是,让位宣命(传达天皇命令的一种文书)上却写着让位"皇太弟"。在只有天皇的直系尊属(父亲、祖父、曾祖父等)才可以主宰院政的当时,崇德很快意识到鸟羽的游说只是一种谋略,但为时已晚。鸟羽与崇德的矛盾由此深植。

与此同时,摄关家内部也出现倾轧。原本后继无人的藤原忠通以藤原赖长为养子,但康治二年(1143)其嫡子藤原基实的诞生导致兄弟二人之间出现隔阂。久安六年(1150)藤原赖长计划令养女多子(待贤门院璋子的侄子藤原公能之女)进入近卫的后宫。不久,藤原忠通也接近美福门院得子,意图通过得子的关系让其养女呈子入宫。最终,多子成了皇后,呈子成了中宫。久安五年(1149),升任左大臣的藤原赖长希望出任关白之职,但希望基实继承的藤原忠通却不肯予以首肯。结果,藤原忠实大怒并采取激烈手段,在久安六年(1150)毅然断绝了与忠通的父子关系,并将统率整个藤原氏的地位"氏长者"及家产全部给了藤原赖长。翌年,鸟羽也责备藤原忠通不孝,进而向藤原赖长下达了内览宣旨(下达天皇命令的公文书),结果出现了关白与内览并置的异常局面。

保元之乱

但是,久寿二年(1155)七月,17岁的近卫去世,而其身后尚没有皇子。正当鸟羽沉湎于丧子之痛时,近卫死于藤原赖长诅咒的传言不期而至。藤原赖长以施政严格著称,素有"恶左府"(左府是左大臣的中国风称呼)之称,曾经因拆除院近臣藤原家成的宅邸而招致鸟羽的不悦。结果,藤原赖长的立场忽然为之一变,与鸟羽的关系急转直下。

鸟羽选定了29岁的雅仁亲王为新天皇,是为后白河天皇。雅仁热衷于今样(民间的流行歌谣),原本生活得十分自在。但其子守仁亲王的风评极佳,因此雅仁的践祚实际上只是保障守仁未来继位的一种过渡。此外,雅仁践祚背后还有备受鸟羽信任的当代硕学,即雅仁乳母夫(乳母的丈夫)信西的作用。至此,其子重仁彻底无缘皇位继承的崇德与身陷窘境、举步维艰的藤原赖长之间便出现了联手的可能。

翌年保元元年(1156)七月二日,鸟羽去世。正是这位治天之君将白河治世后期走向制度化的院政确立为了朝廷的政治形态。鸟羽去世前,施行了若干守护新天皇的措施。他将源义朝、平清盛、足利义康(足利氏之祖)等颇具实力的京武者,检非违使(职掌京城警察、审判之职)以及卫府(负责守卫宫门的官衙)等全部汇集在天皇的阵营之内。相反,崇德、藤原赖长、忠实的阵营则只能依靠源义朝的父亲为义及其弟为朝、平清盛的叔父忠正等从属于院及摄关家的私兵。七月十一日拂晓,天皇方对院方的白河殿发动突袭,是为保元之乱。双方兵力相差悬殊,尽管院方豪杰源为朝浴血奋战,但胜负在几个小时内便有了分晓。

乱后,崇德被流放赞岐国,藤原赖长战死,藤原忠通复归氏长者并与忠实和解,除赖长个人所领之外的摄关家领得以保全。可以说,这是以武力彻底清算了政治上的对立。此外,源为义被义朝、平忠正被清盛斩首,废除已久的死刑在京都再次复活。借此,武士在王城之地展示了自身独特的逻辑与实力,对世人造成了极大冲击。在《愚管抄》的记述中,鸟羽死后,经过保元之乱,日本进入了"武者之世"。诚然,"武者之世"真的到来了。

信西政权

保元之乱后,信西掌握了政治上的主导权。信西俗名藤原通宪,出身学者之家,祖父季纲是大学寮长官大学头,父亲实兼著有大江匡房谈话集《江谈抄》。但父亲的早逝却使其失去了后盾,为此,信西以出家的方式摆脱身份上的束缚,并借其妻纪二位朝子成为雅仁乳母之机,成功跻身政权中枢。

保元元年(1156)闰九月,在信西的主导下,朝廷颁布了以"九州之地，一人有之。王命之外，岂敢施私威（日本之地皆为王一人所有，必须服从王命）"开篇，标榜王土思想的七条新制。并且，在后白河的亲政之下，信西还出台了一系列意在提升王权的政策，如重振主司庄园整顿、诉讼的记录所，再建象征王权的大内里，复兴朝廷仪礼，整备京中等。为筹集再建大内里的巨额费用，特设造内里行事所，并将建造的费用分配给各国承担。这种做法在后世还成了为特定事业筹集资金的专用方式。本乡惠子据此对信西给予高度评价，认为信西是凭借"优秀的才学""合理的实务能力"以及"杰出的构想力"对"中世社会的土地蓝图进行勾画的人物"。

信西在保元三年（1158）八月，按照美福门院的要求，令后白河将天皇位让给了美福门院的养子守仁，是为二条天皇。虽然后白河开始了院政，但作为发挥过渡作用的院，后白河明显缺乏作为治天之君的权威。而年仅 16 岁、尚处弱冠之年的二条天皇尽管有意实施亲政，但仅凭同龄的关白藤原基实以及美福门院的辅佐显然是不够的。在院政派与亲政派都缺少制胜之策、政局陷入不安时，作为后白河的近臣且对二条也颇具影响力的信西，在势力迅速抬头的同时也成了众矢之的。而充当批判信西急先锋的正是后白河的院近臣藤原信赖。

平治之乱

藤原信赖因其妹是后白河的乳母而成为院近臣,并且利用后白河的男宠身份不断晋升。男宠的现象在中世时期并不罕见。另一方面,末茂流的藤原成亲、为房流的藤原惟方等传统的院近臣也在院政派、亲政派的框架之外结成了反信西联盟。并且,身为管理主要军备马匹的院御厩别当(长官),藤原信赖还在保元之乱后将同样负责马匹管理、兼任左马寮头的源义朝纳入了自己的麾下。

平治元年(1159)十二月九日,藤原信赖、源义朝趁平清盛赴熊野参拜、京都空虚之机,对院御所进行突袭,毅然发动了排除信西的政变,是为平治之乱。信赖将后白河与其姐上西门院统子幽禁于内里一处名为"一本御书所"的书库内,还控制了二条的人身自由。企图逃亡的信西在逃往南都的途中自杀,其头颅在京都大路上游街示众后,被悬于狱门之上。在信赖逼迫二条举行的临时任官仪式上,源义朝升任播磨守,义朝 13 岁的嫡子赖朝在此次政变中首次披甲上阵,也晋升从五位下位阶,任右兵卫权佐。

但是,平清盛一返京,合力排除信西、发起政变的一方便乱了阵脚。十二月二十六日丑时(凌晨 2 点左右),在亲政派经宗、惟方的引导下,二条逃至平清盛位于六波罗的宅邸,后白河也进入了仁和寺。幡然成为叛军的藤原信赖在六条河原被斩首,意图在东国东山再起的源义朝也在尾张国内海庄遭源氏累代家人(隶属于贵族之家、武士栋梁的武士)长田忠致背叛,被杀。

另一方面,被捕的源赖朝因平清盛继母池禅尼的求情而免于一死。在《平治物语》中,池禅尼之所以救赖朝一命,是因为赖朝神似其早逝的儿子家盛。但是,事实并非如此简单。实际上,源赖朝的母亲出自热田大宫司家,与待贤门院璋子及其子女后白河、上西门院关系十分密切。赖朝本人也在平治之乱前一年成了上西门院的藏人①。因此,很有可能是赖朝母亲的娘家通过后白河、上西门院,鼓动服侍待贤门院的池禅尼向平清盛求情饶恕了赖朝一命。总而言之,赖朝最终性命得保,永历元年(1160)三月被流放伊豆国伊东。

镰足—不比等—房前…(十一代略)…为房—显隆—显赖┬光赖—光雅—光亲
　　　　　　　　　　　　　　　　　　　　　　└惟方

为房流藤原氏略谱

后白河院政的开始

崇德被处以流刑的保元之乱、后白河与二条被掳的平治之乱在京都上演过后,王权受到了极大的撼动,但平清盛

_____

① 藏人所职员。天皇近侍,负责保管朝廷的机密文件、传达敕诏以及宫中的各种事务,通常具有很大权势。

的存在感却在此过程中不断提升。究其原因,无疑是因为源义朝等军事贵族的溃败使平清盛没了竞争对手,平清盛垄断了国家的军事、警察权。永历元年(1160),平清盛位列公卿,继而扶摇直上,六月晋升正三位,八月就任参议。翌年一月,兼任检非违使别当,九月升任权中纳言。

另一方面,二条作为正式的帝王,在年满 20 岁的应保二年(1162)前后开始逐步强化亲政。二条原本便因具备成为一代帝王的资质而被寄予厚望,因此仅被视为过渡上皇的父亲后白河不得不做出让步。这就是院政期特有的院、天皇及摄关的关系。身为二条乳母(时子)之夫的平清盛也支持二条亲政,并将爱女盛子嫁给了关白藤原基实。

但是,平清盛并非一般庸庸之辈,同时也没有忘记讨好后白河。不仅平清盛的妻妹平滋子(后来的建春门院)深受后白河宠爱,在应保元年(1161)九月为后白河诞下了皇子宪仁,而且平清盛还专门为后白河建造了安置千体千手观音像的莲华王院本堂,即所谓三十三间堂。《愚管抄》指"平清盛费尽心思,极尽能事,对后白河与二条可谓左右逢源"。诚然,平清盛一边在两位帝王间巧妙地维持着平衡,一边不遗余力地强化自身的政治基础。

然而,永万元年(1165)六月二十五日,23 岁的二条因病将天皇位让给皇子顺仁后,七月便去世了。新天皇是年仅 2 岁的六条。为开设院政,确立作为治天之君的权威,祖父后白河开始策划令其与宠妃平滋子所生宪仁继承皇位。
作为姨父的平清盛也因此开始与后白河协作。结果,同年
八月十七日,平清盛史无前例地以非公卿的血统出身升任
权大纳言。

翌年仁安元年(1166),由关白转任摄政的藤原基实,时
年 24 岁去世。藤原基实的弟弟松殿基房代替其年幼嫡子
基通继任摄政。在此过程中,仁安三年(1168),在后白河的
作用下,天皇位由六条传给了宪仁,是为 8 岁践祚的高仓天
皇。于是,主导皇位继承、成为幼帝父亲的后白河终于获得
了治天之君的权威,由此开始了真正的院政。

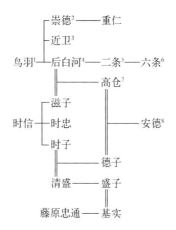

平家的姻亲关系

(数字表示皇位继承顺序)

平氏政权

与此同时,平清盛也打破先例,步步高升,在仁安元年(1166)十一月任内大臣,翌年二月晋升从一位,就任太政大臣。由于平清盛的升迁之路异乎寻常,甚至出现了指平清盛为白河私生子的传言。恰如在勋子入宫的问题上对白河的女性关系产生疑虑的藤原忠实一样,人们对这样的传言也是将疑将信。元木泰雄认为,在升任大臣方面连公卿都实难冲破的壁垒被平清盛轻易打破,着实增加了皇胤说的可信度,但真伪究竟终归无从得知。

在平清盛补任太政大臣的同时,其长子重盛升任权大纳言,并在五月接受贼徒追讨宣旨,成了平氏军政的中心。平清盛辞去太政大臣的荣誉职,在翌年仁安三年(1168)因病出家。其后,平清盛以摄津福原为据点着力发展日宋贸易,通过垄断改建后的摄津大轮田泊、安艺严岛与筑前博多津间的海运与贸易积累了巨额财富。后白河在真正开始院政后也对日宋贸易表现出了兴趣,二者间的协调关系也因此进一步深化。承安元年(1171),平清盛令女儿德子入宫嫁于高仓,他的富贵荣华终于走向了巅峰。

然而,安元二年(1176),在平清盛与后白河间发挥纽带作用的建春门院突然去世,时年 35 岁。此后,平清盛与后白河之间便出现裂痕,院近臣对平家一门的不满也愈加表面化。翌年安元三年(1177)，在被称为"太郎烧亡"的大规模火灾、山门强诉等事件接连发生的同时，藤原成亲、西光、俊宽等院近臣策划的打倒平家计划在事前败露，是为鹿谷事件。在多田行纲向平清盛告密后，平清盛马上就将藤原成亲、俊宽处以流刑，将西光处以斩刑。

不过，封杀反平家的动向却并不容易。治承三年(1179)十一月，平清盛亲率数千骑兵从福原入京，将后白河幽禁于鸟羽殿，停止院政，发动了所谓的治承三年政变。结果，不断实现复兴的王权再次受损、动摇，并遭遇了前所未有的危机。在已故建春门院所生的天皇(高仓)主政的环境下，众多院近臣被免去官职，反平家的关白藤原基房也被处以流刑。继任关白之职的，是以平清盛之女为正室的基实嫡子基通。翌年治承四年(1180)二月，高仓与平清盛之女建礼门院德子所生皇子言仁亲王践祚，是为时年3岁的安德天皇。一跃成为天皇外戚的平清盛以平氏一门出任朝廷的重要官职以及知行国主(具有收取一国收益的权利，并可以推荐国守的权势者)，平家一门的荣华登峰造极，平氏政权由此成立。但是，顶点也是下坡路的开端。全国性内乱的脚步已经逐步迫近。

3　奢华多彩的文化

知识与财富的滥用与独占

下面看一下文化。院政时期，凭借强大的权威、权力以及丰厚的财力，作为所谓治天之君的新帝王，垄断着知识与财富，并以此创造了豪奢多彩的文化。在硬件方面，巨型标志性建筑的建造以及与之同步的都市建设尤为引人瞩目。

首先，在藤原师实向白河献上摄关家别院白河殿的所在地后，白河就在这块风光明媚的土地上兴建了内含金堂、讲堂、五大堂、阿弥陀堂、法华堂、经藏、钓殿等建筑的大寺院法胜寺。其中，八角九重塔即是前所未有的巨型标志建筑。由西大门向南的道路直通逢坂关，是从东国入京的必经之路。当这座巨塔映入上京人的眼帘时，他们的感受想必是万分的震撼与折服。其后，白河还陆续修建了尊胜寺、最胜寺、圆胜寺、成胜寺、延胜寺所谓六胜寺以及由白河北殿、南殿组成的院御所，白河地区实现了都市性的发展。

另外，白河让位后不久，就在鸭川与桂川合流的洛南鸟羽地区修建了由鸟羽南殿、北殿、马场殿、泉殿组成的院御所以及庞大的苑池、筑山，并在南殿修建了证金刚院。此后，鸟羽一带就成了举行歌会、赏月会、游船、管弦、赛马、骑射等活动，供院进行游兴的场所。之后的鸟羽院政期，还修建了安乐寿院、胜光明院、金刚心院等寺院，白河、鸟羽的陵墓以及供侍奉院的近臣们留宿的直庐等，鸟羽地区也逐步实现了都市化。

后白河在七条大路、八条大路跨越鸭川的一带建造了法住寺殿，并在其北侧修造了名为七条殿的院御所。在法住寺殿的西侧，平清盛为后白河建造了莲华王院，即前文提及的所谓三十三间堂。莲华王院的南侧是建春门院发愿建造的最胜光院。据说其内绘有院、女院神社参诣图的障子绘（障子相当于现代和式房间中的纸糊推拉门），是由宫廷画师常磐源二光长绘制整体轮廓，并由擅长肖像画的名手藤原隆信负责描绘面貌。

以上的这些御所、大寺院、苑池、宝物以及以这些为中心展开的都市建设，都凝结了无数的智慧，并耗费了巨额的财富。正是拥有强大权力与雄厚财力的院政主宰者，即所谓治天之君的新帝王的出现才使之成为可能。并且，院还通过收藏、垄断各种宝物及文化产品的方式提升自身的权威。

但是白河、鸟羽两区内的御所、大伽蓝、八角九重塔，无一例外都消失在了后来的历史长河中。现在的白河、鸟羽地区已经变成了普通的城市街区，甚至连寻找这些建筑物的纪念碑都并非易事。作者过去造访鸟羽地区时，曾因发现了鸟羽东殿旧址上残存的安乐寿院而倍感安慰。另外，南殿一带作为鸟羽离宫遗址公园得以保存,但同样是全无追忆往昔之物。豪华、奢侈的文化在硬件方面如此脆弱,着实令人惋惜。

和歌的兴隆

不断创造出巨型标志建筑的巨大能量,同样也被倾注在了文化的软件方面。在后鸟羽之子顺德著作的故实书①《禁密抄》中,学问、音乐、和歌被视为帝王的必修教养。这三个领域在院政时期都实现了显著的发展与兴隆。

首先看一看和歌方面。白河作为天皇在位期间,于承保二年(1075)下令编撰了《后拾遗和歌集》(简称《后拾遗集》),该和歌集在应德三年(1086)十月完成了奏览。天皇敕令编撰的敕撰和歌集(略称敕撰集),始于10世纪初延喜五年(905)上奏醍醐天皇的《古今和歌集》(略称《古今集》)。此后,10世纪中期与11世纪初,《后撰和歌集》(简称《后撰集》)与《拾遗和歌集》(略称《拾遗集》)两部敕撰集先后问世,但此后一度中断。时隔约80年,白河再兴敕撰集的编撰事业。

但是,《后拾遗集》却因撰者藤原通俊实力不足而备受

① 与仪礼、风俗、习惯、装束等相关的规范、范例称"故实","故实书"即记录、研究"故实"的书籍。

诟病,歌坛重镇源经信甚至专门撰写《难后拾遗集》对其进行批判。白河开始院政后,命源经信之子俊赖编撰《金叶和歌集》(简称《金叶集》)。《金叶集》的编撰过程也颇为曲折,经过三次奏览方才得到认可与采纳。但是在治世期间两度敕令编撰和歌集的,仅白河一位。可以说,敕撰集真正具有装点王权威严的功能,是从白河开始的。

然而,在和歌的内涵方面,则是堀河发挥了很大的作用。在被誉为"贤王"的堀河周围,聚集了源显仲、源俊赖、藤原显季、藤原公实、藤原基俊、僧永缘、女房歌人等文化人,形成了歌坛。并且,堀河还进行了具有划时代意义的尝试,即选取标准、典型的百种歌题进行组题,令十数位歌人各咏百首和歌,制成《堀河院御时百首和歌》,即所谓《堀河百首》。其中的歌题、和歌表现,后来成了以题咏为基本的中世和歌的规范,并由此衍生出了在敕撰集编纂前创作应制百首作为撰集资料的惯例。

音乐、学问的兴隆

堀河同时精通音乐。依据儒教的礼乐思想,音乐被视为实现国家统治的手段。为此,堀河竭力进行了音乐复兴。堀河尤其重视天皇之乐器——笛子,这一传统后来还得到了鸟羽的继承。鸟羽之子后白河也颇具音乐才能,一生热衷于"今样"。后白河编纂的《梁尘秘抄》就是记录"今样"的珍贵文化遗产。后白河之子二条精通琵琶,传说具有灵力的宝器玄上(玄象)即是二条弹奏的琵琶。由于二条早逝,因此在这一阶段琵琶并没有被视为天皇的乐器,但是二条首次将琵琶与天皇联系在了一起。

另外,恰如后白河将随声消逝的"今样"以《梁尘秘抄》这种可视的形式保存下来一样,院政期将声音文字化、符号化的动向十分活跃。和歌本来也是出声诵读,通过声音与神佛交感的一种艺术形式。通过敕撰集、百首和歌的形式,和歌也实现了文字化。此外,音乐方面,乐书《龙鸣抄》、乐谱《管弦谱》《三五要录》《仁智要录》等作品的出现也使声音实现了文字化与符号化。

学问即汉学、汉诗文方面,特别值得瞩目的是大江匡房与信西。大江匡房作为智囊曾先后服侍后三条、白河、堀河、鸟羽四代君主,在该时期异常活跃。其著作不仅数量庞大,而且内容涉及故实、记录、汉诗、愿文等诸多领域,如关于朝廷政务、仪式、神佛事的仪式书《江家次第》以及《游女记》《傀儡子记》《本朝神仙传》等。《江谈抄》是藤原实兼记录大江匡房知识、经验的作品,而藤原实兼之子即是信西(藤原通宪)。继六国史(以《日本书纪》为首的六部正史)之后,受鸟羽敕令编撰的史书《本朝世纪》,自古以来法令、判例的集成之作《法曹类林》都是信西的作品。连被称为"日本第一大学生"的藤原赖长也以信西为师。不过,在天皇与院之中，除顺德与后鸟羽外，再无留下传世学问著作的。

蹴鞠、绘画的兴隆

　　院政期的文化是丰富多彩的。永长年间（1096）在京都流行的永长大田乐，连院、贵族都为之狂热。奥州藤原氏修建的绚烂豪华的中尊寺、毛越寺，作为寺院大众（即僧兵）政治抗议一部分的初期延年（法会后进行的艺术演出），极尽奢华之美的装饰经《平家纳经》等等，值得瞩目之物众多。下面我们就看一下和院关系密切的文化——蹴鞠与绘卷。

蹴鞠图

出自《年中行事绘卷》

　　蹴鞠是一种由8位鞠足（选手）连续踢鞠并计数、展示技术的一种技艺，与足球中的圆形传球类似。原本只是下臈（身份低微者）的游戏，但自白河天皇承历四年（1080）在内里首次举行鞠会后，藤原师实、师通等高位贵族也开始爱好蹴鞠。于是，本为下臈文化的蹴鞠就被纳入了白河的王权之下。

　　白河、鸟羽院政时期，是蹴鞠由下臈名足运用技巧、以鞠数决定胜负的下臈鞠向安静、高级的上臈鞠转型的过渡期。在此过程中，"蹴圣""鞠圣"藤原成通在对上臈鞠与下臈鞠进行融合、扬弃的基础上，发明了"延足"蹴鞠，并且其弟子藤原赖辅还依据成通的口传撰述了《蹴鞠口传集》。于是，蹴鞠便由单纯的游戏进化为了具备范式、传承的一种技艺。

　　最初站上鞠场蹴鞠的院是后白河。他的技术甚至受到了藤原成通的称赞。这与后白河好奇心旺盛且不守常规的帝王作风非常符合。安元二年（1176）三月五日，鞠会被作为庆祝后白河50岁诞辰的正式活动举行，借此，蹴鞠一跃升格为可以出现在"晴仪"（朝廷盛大仪式）之上的技艺。

　　在今样、蹴鞠上发挥出天赋之才的后白河，还倾力制作了《承安五节会》《年中行事绘卷》《彦火火出见尊绘卷》等绘卷，这些绘卷的总长达十数米。后白河是将帝王的权威、权力以及财富倾注于文化的艺术家与创作者。《承安五节绘》

与《年中行事绘卷》分别是描绘承安元年(1171)内里五节庆祝活动与保元之乱后复兴的内里、仪式以及祭礼的绘卷，可以说二者都是将王权繁荣视觉化的产物。这些绘卷都被后白河收藏于莲华王院的宝物仓库内，成了他个人专享的文化。

另外，绘卷虽然很长，但宽度不过数十厘米，是双手即可展开、鉴赏的一种绘画。与绘于纸糊拉门与屏风之上的大规模障子绘、屏风绘不同。池田忍从性别论的角度，将障子绘、屏风绘等大画面的绘画定位为承载官方、"男性性"的媒体，将绘卷、册子等纸绘定位为承载私人、"女性性"的媒体。后白河虽在最胜光寺的障子绘上描绘了院、女院的寺社参诣图，但他最喜欢的仍然是绘卷。是后白河将官方的作用赋予了"女性性"的媒体。

以上就是对白河院政的成立以及鸟羽院政、后白河院政的概观。以这样的政治过程及文化成就为前提，院政的历史进入了后鸟羽的时代。下一章的内容将围绕平氏极尽荣华后爆发的全国内乱展开。

第一章　后鸟羽的朝廷

1　源赖朝的幕府草创

源赖朝的举兵

治承四年(1180)五月,后白河的第二皇子以仁王与摄津源氏源赖政筹谋打倒平家的计划被发觉,是为以仁王之乱。遭到追讨的以仁王与源赖政在逃往南都的途中,在宇治与平氏追兵交战,双双战死。但是,催促雌伏于全国各地的源氏起兵打倒平氏的令旨(皇太子、亲王、皇后、女院等下发命令的文书)却已经被送往各地。永历元年(1160)三月被流放至伊豆伊东,后转移到北条时政据地附近蛭小岛的源赖朝也在四月二十七日收到了令旨。

另一方面，平清盛在治承四年(1180)六月，强行将都城迁至摄津国福原。并且，在对京都周边的反平家势力进行敲打后，平清盛就把矛头指向了源家嫡流的源赖朝。急报很快便由源赖朝乳母妹妹的儿子三善康信送到了源赖朝处。坚定起兵决心的时刻到了。八月十七日，源赖朝为壮军威，对平氏一族的山本兼隆发动夜袭。治承、寿永年间的内乱由此爆发。

不过，此时的源赖朝麾下仅有北条时政、义时父子，狩野茂光、亲光父子，土肥实平，大庭景义，三浦一族的冈崎义实等伊豆、相模的部分武士，以及出于个人缘故跟随源赖朝的安达盛长与佐佐木四兄弟(参照 219—220 页)。为与三浦氏的大部队会合，源赖朝等向相模进发。但是，在石桥山遭遇了大庭景亲、伊东祐亲等平氏方的三千大军而大败。险些丧命的源赖朝败阵而逃，渡海去了房总半岛的安房。

从这里，源赖朝开始了奇迹般的东山再起。在安房，源赖朝不仅实现了与三浦氏的会合，而且还召集了千叶氏、上总氏、畠山氏，在十月六日进入了与源家渊源颇深的镰仓。并且，十月二十日在骏河富士川迎击了以平清盛之孙平维盛为追讨使的追讨军。不过，由于平氏军在任命追讨使前已经延误了时机，而且在向东国的途中以宣旨进行募兵的计划也没能顺利实施，结果平氏军心不稳。正是因此，水鸟突然飞起拍打翅膀的声音就引起了平氏大军的恐慌和混乱,溃不成军的追讨军随即败走。这就是富士川之战时有名的插曲。

其后,源赖朝接受麾下武士的谏言,放弃进军、入京的想法,返回了镰仓。直至建久元年(1190)率一众御家人(与镰仓之主"镰仓殿"即"将军"结成主从关系的武士)上京为止,源赖朝始终没有离开镰仓。并且,通过派遣密使与后白河进行政治交涉、派遣大军追讨平氏等方式,不断地强化了其自身的存在感。

缺少神器的践祚

治承四年(1180)十一月,平清盛将都城从不受好评的福原迁回了京都。但仅时隔一个月,其子平重衡便上演了火烧东大寺大佛等南都寺院的失态之举,状况随之恶化。翌年治承五年(1181)闰二月四日,平清盛在留下必取源赖朝之首级于其墓前的遗言后,便因热病去世,享年64岁。

平清盛长子平重盛在两年前的治承三年(1179)去世,因此平氏家业由三子平宗盛继承。另一方面,在源赖朝举兵后一个月,源(木曾)义仲也在信浓国举起反旗。寿永二年(1183)七月,源义仲进军京都,平宗盛携安德天皇逃离京都。当时,平氏一并带走了保证天皇正统性的三种神器,即神镜"八咫镜"、神玺"八尺琼勾玉"以及宝剑"天丛云剑"（草薙剑），此举对后来的历史发展产生了非常大的影响。

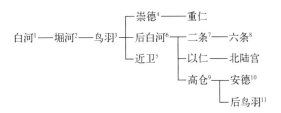

王家略谱①
（数字表示皇位继承顺序）

为了避免天皇不在的异常事态发生，后白河作为治天之君决定册立新天皇。备选的皇子，有治承五年（1181）去世的高仓的三宫与四宫，以及源义仲拥立的以仁王遗孤北陆宫。根据占卜的结果，最终决定三宫为新天皇人选，但在后白河宠妃丹后局（高阶荣子）的劝说下，后白河最终令四宫践祚。是为后鸟羽天皇，时年4岁，在没有神器的前提下即位天皇。

平家的灭亡

寿永二年（1183）十月，后白河发出宣旨，认定源赖朝为第一功勋者，并公认了他对东国的支配权，是为十月宣旨。这是源赖朝政治交涉的成果。源义仲得知这一消息后激愤异常,十一月毅然发动军事政变,攻击了后白河的院御所法住寺殿。其后,源赖朝应后白河的要求,派出其弟源范赖、义经讨伐源义仲。结果,寿永三年(1184)一月,源义仲在近江粟津败死。

在这样的混战中,平氏趁势重整旗鼓,在摄津国福原、生田、一之谷布下军阵。此时,后白河提出了和解的议案。但是,二月七日,源范赖、义经,摄津源氏的多田行纲以及甲斐源氏的安田义定等率军袭击了放松警惕的平氏大军。结果,平忠度、通盛、敦盛等众多平氏方武将战死,平重衡亦被生擒,是为一之谷之战。一之谷之战后,后白河提议以三种神器交换平重衡。但平宗盛指责后白河此前提议和解实为骗局,拒绝了后白河的提案。是否是故意为之的阴谋无从判断,但为夺回三种神器,后白河确实是费尽了心思。

然而,武力已然是唯一的解决途径。源范赖、义经在赞岐的屋岛之战中再次获胜后,乘胜追击,将平氏围困于长门的坛之浦。这个海峡的潮流特别快,宛如河流一般。源义经等利用潮流最终取胜。尽管源赖朝依后白河旨意下令以夺回神器为首要任务,但宝剑还是遗失了。装入唐式柜子之内的神镜在船内被发现,而宝剑与神玺却在平清盛遗孀二位尼时子留下一句"波浪之下亦有吾都"、怀抱安德天皇跳入水中时一同落水。装有神玺的箱子后浮出水面得以寻回,但宝剑却随安德天皇一起沉入了水底。至此,集齐三种

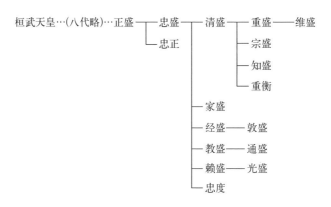

桓武平氏略谱

神器,实现从安德到后鸟羽的让位永远失去了可能。

镰仓幕府的成立

源赖朝将平家没官领(被没收的平家方土地)作为恩赏分给了武士。这是源赖朝自举兵以来,便在其占领的土地上实施的做法。高桥典幸认为,在内乱终结后,源赖朝继续维持、继承了其在战乱中开创的制度、军事组织,使这种战时体制转换为平时体制并得到了朝廷的认可,这正是以东国反乱军出发的源赖朝树立镰仓幕府的方式和手段。另外,本书所言幕府,是意味着武家政权的历史学用语,有别于古代、中世时期人们用于称呼近卫大将及其居馆的幕府。

另一方面,众多研究者都曾指出,朝廷的传统权威对武士来说充满魅力,武士们都竞相希望出任卫门尉、马允等官职。但是,御家人私自与朝廷联络,极有可能导致源赖朝向心力的下降。为此,源赖朝严禁武士在没有其推荐的条件下出任朝廷官职,对随意任官的御家人更是严加惩治。

但源义经没能理解源赖朝的政治意图,在后白河的授意下出任了左卫门尉兼检非违使。结果,就遭遇了被排除的命运。于是,源义经将错就错,逼迫后白河发出了追讨源赖朝的院宣。不过,当他发现自己无法获得武士们的支持后,便隐匿了踪迹。相反,源赖朝则趁机在文治元年(1185)十一月,令北条时政上京,以搜索源义经为由令后白河敕许了其设置守护、地头的权限。这样,全国性政权的框架基本形成。以此作为镰仓幕府成立节点的学说至今仍十分具有说服力。

征夷大将军

源义经最终逃亡奥州,受到奥州藤原氏的庇护。文治五年(1189)七月,源赖朝亲率大军出征,以包庇源义经的罪名对奥州藤原氏的第四代泰衡发动了讨伐,是为奥州之战。但事实上,在源赖朝的重压之下,藤原泰衡已经逼迫源义经自裁。因此,这一战更像是源赖朝为向内外彰显其霸权而上演的一出政治戏码。

消灭奥州藤原氏后,源赖朝成了唯一的军事权门。翌年建久元年(1190)十一月,源赖朝终于实现了上京的夙愿,时隔近 30 年再次踏上京都的土地。其本人大概也是格外感慨吧。并且,源赖朝还与同他多番展开虚实较量的后白河以及亲幕派公卿九条(藤原)兼实会面,并出任了权大纳言、右近卫大将。但是,源赖朝很快便辞退了两职,年内便带着前权大纳言、前右近卫大将的名誉称号返回了镰仓。

建久三年(1192)三月,历经保元之乱、平治之乱以及治承、寿永之乱等一系列战乱,饱经时代动荡的后白河去世,享年 66 岁。在迂回曲折中实施了 34 年的后白河院政落幕,后鸟羽开始亲政,时年 13 岁。初期,由亲幕派的关白九条兼实主导政治。同年七月,源赖朝出任征夷大将军之职。

近年,樱井阳子根据新史料《三槐荒凉拔书要》中所见《山槐记》的记录,指出源赖朝期望得到的是具有超越“将军”权威的“大将军”之号,而朝廷则是从“征东”“征夷”“总官”等称号中以排除法选择了“征夷”“大将军”。过去的学说通常认为源赖朝之所以迫切地希望获得征夷大将军之职,是因为这是可以在远离京都的东国行使巨大权力的官职。如今,这种说法已经遭到了否定。

晚年的源赖朝

出任征夷大将军后的第二年,即建久四年(1193)三月,后白河周年忌结束后,源赖朝在信浓国三原野、下野国那须野、骏河国富士野,接连进行大规模狩猎。这是迎来鼎盛期的源赖朝向内外彰显武威的仪式活动。但是，五月二十八日，在富士野的围猎场发生了曾我十郎祐成、五郎时致两个年轻兄弟为父报仇、斩杀有力御家人工藤祐经的事件。所谓富士山下的复仇事件。而且，除工藤祐经外，此次事件还造成了多名御家人的死伤，甚至源赖朝本人也险些遇害。对将军源赖朝支配体系心怀不满的不安分子参与其中的可能性很大。

以此次事件为契机，源赖朝将可能代替自己的弟弟源范赖、源氏一门的安田义定等人以及政权内的不安分子一举清除。并且，在任命可信御家人为东海道诸国守护，加强对东海道诸国的统治后，建久六年（1195），借出席再建东大寺大佛殿落成供养仪式之机再次上京。在再建东大寺大佛殿的过程中，源赖朝曾应后白河任命的大劝进俊乘房重源之请，大力支持大佛殿的再建工程。而在这一巨大标志建筑的落成仪式上出席，也是源赖朝支持"王法"与"佛法"的表现。

另一方面，朝廷中九条兼实的竞争对手村上源氏公卿源通亲开始掌握主导权。权谋家源通亲，接近后白河宠妃丹后局高阶荣子，辅佐继承长讲堂领的荣子之女宣阳门院觐子。另外，还迎娶了后鸟羽的乳母刑部卿三位藤原范子，将范子之女在子（生父是法胜寺执行能圆）收为养女，并令在子入宫，成了后鸟羽的后宫妃嫔。源赖朝在意识到王权的存在后,也计划令长女大姬入宫,并同亲幕派的九条兼实保持距离,积极地接近源通亲与荣子。佐藤进一认为,晚年的源赖朝或许设想拥立大姬与后鸟羽所生皇子为将军,并由自己及源赖家进行辅佐。借助传统公家政权的王权为自己建立的史上最初的武家政权增加权威。

但是,源通亲的手腕显然更胜一筹。在子(女院号为承明门院)于建久六年(1195)末产下皇子为仁后,通亲便在翌年十一月发动政变,将九条兼实赶下了台(建久七年政变)。源赖朝为取悦源通亲对此事予以了默认,但这显然是一种失策。而且,被寄予厚望的大姬还在建久八年(1197)七月早逝,源赖朝的构想遭遇顿挫。在此过程中,建久十年(1199)一月,源赖朝突然离世,享年 53 岁。

2　文化的巨人

后鸟羽院政的开始

源赖朝去世的前一年,即建久九年(1198)一月,19 岁的后鸟羽将天皇位让给了承明门院在子所生的为仁亲王。4 岁的土御门天皇践祚,后鸟羽院政由此开端。不过,主导此次天皇让位的是源通亲,其养女在子所生为仁亲王即位天皇意味着源通亲获得外戚的地位,被称为"源博陆"(与关白实力相当的有力源氏)的源通亲如实地展示出了他的政治实力。

　　尽管如此，后鸟羽也开始走上了自立的道路。藤原重子代替在子成为新宠，并在后鸟羽让位的前一年建久八年(1197)九月为后鸟羽诞下了第三皇子守成(后来的顺德天皇)。重子之父是养育了后鸟羽的藤原氏南家高仓流范季，据说重子入宫后很快便得到了恩宠。而且，在子的母亲刑部卿三位范子与卿局兼子两姐妹相当于重子的堂姐妹。二人自幼便因生父范兼过世而以重子之父范季为养父，后来成了后鸟羽的乳母。在子、重子、范子、兼子的关系实际上十分亲近。

　　后鸟羽开始院政的建久九年(1198)十二月，重子晋升从三位，不久后又升为从二位。而在子则是在一年后的正治元年(1199)才晋升从三位，受宠的差别一目了然。另外，据《愚管抄》的记载，正治二年(1200)八月生母范子去世后，在子与养父通亲私通，结果失去了后鸟羽的宠爱。尽管《愚管抄》的记述存在诸多疑点，并不能作为事实论断，但后鸟羽移情重子却是毫无疑问的。后鸟羽对重子所生守成宠爱有加，并在正治二年(1200)四月立守成为土御门的皇太弟。这样的人事决策皆出自治天之君的裁度。内大臣源通亲虽然兼任教导皇太子的东宫傅之职，仍然具有相当的影响力，但后鸟羽的自立程度却在不断提升。

　　后鸟羽最在意的，是其作为帝王的正统性。尽管践祚为天皇，成了正式的帝王，但保证天皇正统性的三种神器却被平家带走。平家灭亡后,神镜、神玺得以找回,但宝剑却永沉坛之浦海底。这对于正统的帝王而言,显然是重大缺陷。随着年龄的增长,后鸟羽越来越强烈地意识到这个问题,于是便开始不断地探求究竟何为正统的君王。可以说,后鸟羽的一生即是以正统帝王为目标,并不断地对其正统帝王的身份进行反复确认的漫长旅程。踏出这一旅程第一步的契机正是让位。

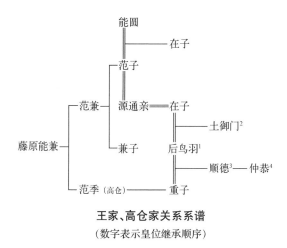

王家、高仓家关系系谱

(数字表示皇位继承顺序)

从讴歌自由到才能的觉醒

后鸟羽让位本身,确实是源通亲主导的。作为天皇即正式的帝王,通常被定位为朝廷仪礼的中心。而成为院,就意味着从各种各样的制约及条条框框中解放出来。因此，后鸟羽让位后，便开始了有别于天皇时期的行动，开始了对自由的讴歌。

后鸟羽活动范围的扩大即是体现之一。例如，天皇在位期间的建久六年至八年(1195—1197)间，行幸的频率基本上是每月一到两次，行幸之地有莲华王院、贺茂社、石清水八幡宫、大内、押小路殿、五辻殿等，几乎局限在京都之内。建久六年(1195)，因东大寺大佛殿落成供养行幸南都，可以说是例外中的例外。相反，让位后的建久九年(1198)，在举行土御门即位各种仪式的繁忙之时，后鸟羽仍然在院御所、最胜寺蹴鞠取乐，出京在鸟羽殿观赏竞马、斗鸡。三月参诣日吉社、七月驾临宇治平等院，同时多次御幸鸟羽殿。并且，八月时还进行了第一次熊野诣。

在可以如此讴歌自由的环境中，后鸟羽发现了自己超乎常人的各种才能，并且开始通过展现这些才能的方式摸索成为正统帝王的道路。源通亲为获得外戚地位主导了后鸟羽的让位，但让他没想到的是，这也促发了后鸟羽才能的觉醒。并且，源通亲作为一流的文化人，也具有在和歌方面激发后鸟羽才能的可能性。

由《明日香井和歌集》《源家长日记》可知，在后鸟羽让位的翌年正治元年(1199)三月十七日，后鸟羽曾在大内的赏樱会上吟诵和歌，而源通亲则附以返歌。并且，源通亲在自家举行影供歌合,即在柿本人麻吕的肖像画前讲习和歌时,还曾邀请后鸟羽。目崎德卫认为,在和歌方面引导后鸟羽的正是源通亲。

后鸟羽在正治元年、二年(1199、1200)进行了第二次、第三次的熊野诣。途中,在所谓熊野九十九王子的分祭上举行了歌会。作者本人也有漫步熊野古道的经历。从被称为熊野三山圣域起点的泷尻王子出发,翻过一座山后,就来到视线开阔的日置川近露王子。这里山涧清凉,林木苍翠,颇有洗涤心灵的意境。这个近露王子,是自古院进行熊野诣时留宿的场所,后鸟羽也是在此处举行的歌会。当时的和歌被保留在了熊野怀纸中。

此时,和歌界也迎来了异常活跃的时期。以源通亲为代表、重视传统和歌的六条藤家一派与以藤原俊成、定家父子的御子左家为中心、积极探索新风和歌的一派,在歌坛中互相切磋、共同精进。

敕撰和歌集的编纂

正治二年(1200),后鸟羽两次敕命众歌人创作应制百首《正治初度百首、后度百首》。翌年建仁元年(1201),又命30名歌人各作百首和歌,翌年,将这三千首和歌分为一千五百组竞择优劣,编集制成了《千五百番歌合》。所谓歌合,即歌人分列左右,根据歌题吟咏和歌,由裁判依据判词决定胜负的一种竞技类活动。建久六年（1195），九条兼实之子良经主办了大规模歌合《六百番歌合》。相比而言，《千五百番歌合》的规模可谓空前绝后，足见后鸟羽规模之宏大。并且，在后鸟羽指定的十名裁判中，不仅有藤原俊成、定家，还有摄政左大臣藤原良经、天台座主慈圆以及后鸟羽本人。田渊句美子认为，后鸟羽作为首位题写判词的上皇是值得关注的。后鸟羽和歌技艺的提升速度着实令人惊异。

建仁元年（1201）七月，后鸟羽设立了专门负责敕撰集编纂的机构"和歌所"，并选定藤原良经、源通亲、慈圆、释阿（藤原俊成的法名）等 11 人为"和歌所"职员，任命源家长为开阖（负责书籍、资料出纳等杂物的职务）。其后，藤原隆信、鸭长明、藤原秀能（与后出藤原秀康、秀澄为兄弟关系，能茂为其犹子）也被指定为"和歌所"职员。"和歌所"曾设置于《古今集》与《后撰集》编纂之时，此次再设已是时隔甚久。并且，以摄政左大臣、内大臣、天台座主等政府高官为职员是史无前例的做法。不仅如此，在公卿、殿上人、地下之辈的坐席之外，还专门设置了既是治天之君也是敕命者的后鸟羽的座位。如此充满特例的"和歌所"，一方面是进行编纂业务的场所，一方面也是召开歌会、歌合的所在。

建仁元年（1201）十一月三日，后鸟羽从和歌所职员中选定源通亲之子通具、藤原有家、同定家、同家隆、飞鸟井雅经、寂连为撰者，并敕命对《万叶集》及过去敕撰集未收录的古歌以及当代歌人的优秀作品进行搜集、甄选。此后，撰者们全力投身于选歌事业，在建仁三年（1203）四月，将遴选出的和歌上呈后鸟羽，继而，后鸟羽便开始了合点（对优秀的作品标注对号）的工作。

在此过程中，建仁三年（1203）八月，后鸟羽萌生为90岁的和歌界泰斗释阿庆贺九十寿辰的想法。于是，便命人精心制作了一幅四季屏风。屏风上有用彩纸裱糊的、由后鸟羽命歌人创作的十二首和歌以及绘师创作的绘画。十一月二十三日，释阿的90岁贺宴在和歌所举行，四季屏风就被陈列其中。后鸟羽还将下赐功臣的、带有鸽形装饰的银制鸽杖以及绣有和歌（以紫色绣线绣制）的法衣赐给释阿，作为祝寿的贺礼，表彰其功劳。

《新古今和歌集》之于后鸟羽

元久元年（1204）七月，撰者们开始按照春、夏、秋、冬、恋、哀伤、杂等主题对后鸟羽合点过的入集和歌进行整理、汇编。并且，终于在翌年元久二年（1205）三月二十六日举行了竟宴（敕撰集编纂结束后举行的酒宴），《新古今和歌集》（简称《新古今集》）基本完成。当时正值后鸟羽26岁的春天。另外，所谓竟宴，是《日本纪》之类的国史编纂完成后在宫中举行的祝宴，相当于庆功晚宴。但是，编纂敕撰集却从未举行过竟宴。可见,后鸟羽将《新古今集》提升到了国家史书的级别。

而且,元久二年(1205)与最初的敕撰集《古今集》上呈醍醐天皇的延喜五年(905)恰好时隔300年,且干支也同为乙丑。此外,虽然没能赶上竟宴,但《新古今集》同《古今集》一样设置了"真名序"与"假名序"。可见,后鸟羽对神圣、正统的帝王醍醐以及被后世评价为国土安泰、五谷丰登之世的延喜圣代十分尊崇。从《新古今和歌集》的命名也可以窥见一斑。

不过,《新古今集》并不只是单纯的翻版。过去的敕撰集,通常由一名或数名撰者负责撰集工作,其后上奏敕命者天皇(或院)。敕命者一般不会对撰歌发表意见。但《新古今集》却不同,后鸟羽作为敕命者积极参与了包括撰歌、分类、编排、撰写前言在内的各项工作。虽然和歌所的设置以及编撰完成后的竟宴都属特例,但这一点才是特例中的特例。这种热情以至于令皆为当代一流歌人的撰者们感到为难,最终后鸟羽甚至将这近两千首的入集和歌全部熟记于心。简直可以称《新古今集》为后鸟羽"亲撰"的敕撰集。

不仅如此,后鸟羽在竟宴后仍然反复地对入集和歌进行增删调整,直至确定最终版本。在"真名序"与"假名序"中,和歌被称为"理世抚民之鸿徽""治世和民之道",而对后鸟羽而言,《新古今集》的亲撰、完成,却是彰显其作为治世、和民的正统帝王并亲自对此进行确认的一种历程。

帝王的和歌

在后鸟羽创作并入选《新古今集》的和歌中，以下 4 首是作者本人特别关注的。

首先，是卷头的第 2 首，收于"春·上"部的和歌。

> 天明拂晓时，春意现东方。天之香具山，一抹朝霞红。
>
> （ほのほのと　春こそ空に　来にけらし　天の香具山霞たなびく）

和歌的大意是，夜空微微见亮，春之气息出现于东方的夜空，天之香具山上升起一抹朝霞。这首和歌的创作基于《万叶集》第 1 卷第 2 首舒明天皇的国见[①]歌，由此可以读出后鸟羽对古代帝王的意识。并且，这首和歌与摄政太政大臣藤原良经创作的卷头歌"吉野之山，雾霭朦朦。故京飘雪，春之已来。（み吉野は　山も霞みて　白雪の　ふりにし里に　春は来にけり）"构成一对。可以说，卷头的两首是具有展示治天之君与摄政之间理想化君臣和合关系意图的和歌。

第 2 首是收于"春·上"部的第 36 首和歌。

---

① 国见是古代天皇登高瞭望国土、景色、民生以祈祷风调雨顺、五谷丰登的一种春耕礼仪。

　　瞭望观暮色,山麓雾霭升;水无濑川水,静谧远流
长;人言秋景佳,何胜春色美。

　　(見渡せば　山もと霞む　水無瀬川　夕べは秋
と　なに思ひけむ)

　　这首和歌作于竟宴后的元久二年(1205)六月,是后鸟
羽修订歌集时增补的作品。大意是,登高瞭望,山脚下晚霞
初升,水无濑川静静流淌,为何秋季傍晚的景色被指最佳
呢? 春季的暮色何其美哉。水无濑殿是后鸟羽钟爱的离
宫,这首和歌大概是后鸟羽基于其在水无濑殿的体验而作
的一首和歌。"瞭望(見渡せば)"的用法,具有让人联想古
代帝王登高瞭望国土的情趣,可以说,这是一首体现从容不
迫"帝王之像"的和歌。

　　第3首是收于"杂·中"部的第1635首和歌,这首和歌
中的一句后来成了历史物语《增镜》的卷名"荆棘之下"。

　　　　奥山之处荆棘生,披斩踏踩径始出。人间处处有
正道,欲令世人尽悉知。

　　(奥山の　おどろが下も　踏み分けて　道ある
世ぞと　人に知らせむ)

　　和歌的大意是,在山林深处荆棘密布,拨开荆、砍掉棘,
则山路自现。在此世上,即便是深山之奥,亦有正途,此应
为世人所知。这首和歌的基础在于统治者应以德御民的儒

教德治思想，直接地表达出了帝王的气概。"荆棘"或"棘、棘路"即荆棘丛生的灌木丛，也是公卿的异称。可以说，这首和歌表达了后鸟羽意欲率领公卿，将朝廷政治导向正途的政治抱负。也有人结合承久之乱，将这首和歌解读为后鸟羽抒发倒幕志向的作品，但这首和歌是承元二年（1208）五月"住吉社歌合"时的作品，在《新古今集》修订时方才得以入集。因此，并不应与承久之乱联系在一起。

第 4 首是收于"哀伤"部的第 801 首和歌。

　　　缅怀故人时，柴火烟熏绕。纵然泪不止，欣喜涌心间。彼时葬佳人，此景同此烟。

　　　（思ひ出づる　をりたく柴の　夕煙　むせぶも嬉し　忘れ見形に）

和歌的大意是，暮色中思念故人，被柴烟熏呛得流出眼泪，但却十分欣喜，因为这与火葬亡人的烟火无异，令人想起难忘的故人。修明门院重子是后鸟羽的宠妃，但后鸟羽还有一位钟爱的女性，那就是更衣尾张局。但是，在元久元年（1204）七月产下皇子朝仁后，尾张局便一病不起，并于十月去世。后鸟羽因此备受打击，在水无濑殿内闭门不出。当时，后鸟羽创作了一首悲伤的和歌，并送给了慈圆，而慈圆也返赠了一首安慰的和歌。一年后的元久二年（1205）十月，为了给尾张局祈祷冥福，在水无濑殿的阿弥陀堂内举行了祭奠佛事。据该和歌前言①所述,后鸟羽在彼时还创作了"无常之歌",并与慈圆进行了和歌的赠答。第 801 首和歌就是该追悼歌群中的一首,在《新古今集》修订时入集。

中世的和歌基本都是题咏,抒发个人情感的情况很少。但是,第 801 首和歌却表现出了后鸟羽时隔一年后仍然无法释怀的悲痛与伤心。而且是被熏呛出眼泪也仍然欣喜的痴狂。有观点认为这与《源氏物语》中桐壶帝、光源氏哀悼故人的形象有所重合,但毫无疑问的是,鸟羽的内心一定十分痛苦。并且,尾张局去世的不幸恰是发生在《新古今集》编纂渐入佳境之时。尽管如此,后鸟羽也没有停下他帝王的脚步,不得不令人叹服他精神上的强大。

多才多艺的极致

悲痛之中,后鸟羽在音乐方面也倾注了全力。天皇在位期间,后鸟羽沉迷于吹奏笛子,但不久就被二条所喜好的琵琶所吸引。并且,以藤原赖长之子、绝世音乐家妙音院藤原师长的高徒藤原定辅为师,磨炼技艺,在元久二年(1205)一月十六日获传琵琶秘曲《石上流泉》。后鸟羽在音乐上的精进速度也是十分惊人。不愧为富有音乐才华的后白河之孙、二条之侄。并且,在接受传授后三日,后鸟羽就弹奏了

---

① 日语称"词书",置于和歌前,用于说明作品创作的动机、主题等。

被指具有灵力的宝器"玄上"。其后,二月十九日、三月二十日,后鸟羽先后习得秘曲《上原石上流泉》《杨真操》,并在六月十八日,获传最上秘曲《啄木》。

这些都发生在后鸟羽借以标榜其正统帝王身份的《新古今集》竟宴举行的前后。获得最上秘曲的传授、弹奏世代相传且具有灵力的琵琶"玄上",这些都体现了音乐在治国方面不可或缺的儒家礼乐思想。可以想见,除和歌外,后鸟羽还意图通过音乐装点其王权的威严。

充满能量的帝王仍然在继续前行。当听说藤原良经打算进行汉诗与和歌竞技的新尝试后,元久二年(1205)六月,后鸟羽下令在院御所举行,即所谓元久诗歌合。当时,以"水乡春望"为题,后鸟羽天皇时代的侍读也就是他的家庭教师藤原亲经创作了一首汉诗,而后鸟羽则吟咏了一首和歌,与之形成一组,该和歌即是前文介绍过的"瞭望"歌。不过,二者的胜负不明。

另外,后鸟羽对待和歌、音乐、汉诗的姿态,很快就被顺德继承了。同其父一样,顺德也师从定辅学习琵琶秘曲。建保六年(1218)八月,在其即位后首次举行的中殿御会,即以演奏管弦乐器与展示和歌、汉诗为内容的盛大仪式上,顺德就弹奏了玄上。这说明天皇必修的乐器在后鸟羽、顺德时期由笛子变成了琵琶。

另外,建永元年(1206)八月左右,一些院近臣对和歌所职员发起挑战,谋划以低级杂乱的狂连歌与和歌所职员进行较量,藤原定家、飞鸟井雅经作为和歌所职员的代表予以应战。后鸟羽听说后,以无心众称呼前者、有心众称呼后者,并策划了二者互相竞技的游戏。当然,藤原定家等有心众一方在即兴创作狂句方面的技艺也十分高超,很轻易便击败了无心众。据说后鸟羽全程在一边兴致极高地观看。诚然是一位怀有诙谐玩乐之心的帝王。

蹴鞠与武艺

后鸟羽在体力与运动方面也具有超乎常人的能力。尤其是蹴鞠。蹴鞠与现代足球中的圆形传球相似,是对颠球技术有极高要求的一种技能。后鸟羽让位后不久,曾在院御所、最胜寺等处蹴鞠,并且随着年龄的增长,其技艺水平也日渐提升,承元二年(1208)四月七日,后鸟羽还被享有"蹴圣""鞠圣"盛名的藤原成通犹子泰通以及成通的高徒藤原赖辅之孙难波宗长、飞鸟井雅经兄弟授予了"长者"的称号。并且,在同月十三日,还举行了名为"长者御鞠会"的蹴鞠大会。鞠会的详情被记录在了《承元御鞠记》中。

后鸟羽在蹴鞠范式的确立方面也十分积极,承元五年(1211)闰一月二十一日制定了称为"韈之程品"的规则。所谓韈(袜),是穿在鞋内、像袜子一样的东西,其颜色与纹样依据身份、技术水平进行区分,上位的韈在没有获得长者后鸟羽许可的情况下禁止穿着。后鸟羽名副其实地站上了蹴鞠界的顶端。

另外，最早站上鞠场蹴鞠的帝王是后鸟羽的祖父后白河。并且，后白河的蹴鞠水平之高，甚至连藤原成通都为之惊异。后鸟羽在蹴鞠以及音乐方面的才能大概是继承了后白河的基因。在这对祖孙身上存在着诸多的共同点。例如，二人都拥有旺盛的好奇心，都不受陈规旧习的束缚，向往自由，且都有着一颗游乐之心。而且记忆力过人，无论是今样还是和歌，都是过目不忘。既是艺术家、创作者，也是运动健将。

此外，二者作为帝王的出发点也十分相似。后白河的践祚，是在异母弟近卫意外早逝的情况下，作为二条即位前过渡性质的践祚，因此没有权威可言。同样，后鸟羽的践祚也是在异母兄安德逃离京都的空前事态下，且在没有神器的条件下实现的践祚。但众所周知的是，二者都具有天生强大的精神及顽强的意志，都曾经作为治天之君长期君临朝野。

当然，二者之间也有不同。身体健壮的后鸟羽爱好武艺，且十分擅长骑马、游泳、山间逐鹿，甚至还曾代替脱靶的"笠懸"①射手搭弓射箭。简直就是可以登上各种赛场且都

---

① 骑射的一种，因以笠为箭靶而得名。

能取得好成绩的全能型选手。

后鸟羽爱好武艺的同时,特别热衷于太刀的制作。后鸟羽从备前国、备中国、京都粟田口召集优秀的刀工,并命这些刀工按月轮流制作太刀,形成了所谓的"御番锻冶"制度。并且,据说后鸟羽还曾亲自锻造太刀。现在藏于京都国立博物馆内的国家指定重要文化遗产"菊御作"即是后鸟羽的作品。这把刀的刀身上,雕刻着的不是铭(制作者的名字),而是后鸟羽钟爱的菊纹。尽管不能与三种神器之一的宝剑相提并论,但想必后鸟羽是希望通过自己的力量在一定程度上弥补宝剑佚失的负面影响吧。后鸟羽可谓做到了多才多艺的极致,堪称文化上的巨人。

3　君临的帝王

宫廷仪礼的复兴

在学问、政治方面,后鸟羽也堪称一位巨人。他领导了宫廷仪礼的复兴。其契机,是时值 31 岁壮年的后鸟羽在承元四年(1210)十一月,成功令土御门让位于皇太弟守成亲王,实现了顺德的践祚。顺德是宠妃修明门院重子所生皇子,因才气焕发而深得后鸟羽欢心。后鸟羽令其在 14 岁的弱冠之龄践祚为天皇,并亲身向其示范何为政治。在院、天皇、摄政三者之间,后鸟羽作为院,几乎在后鸟羽院政的整个时期都把持着绝对的最高权力,土御门、顺德两位年轻天皇、优秀歌人摄政九条良经,以及在其急死后继任摄政,继而出任关白的近卫家实都在其统率之下。正式的帝王顺德在建保(1213—1219)后半至承久年间(1219—1222)表现出了自立的倾向,而这也是接受后鸟羽教育、影响的结果。

另外,在现代政治中,主权者的行政是为国民提供服务,但当时的政治则不同,为政者遵循先例、按照程序,准确无误地执行宫廷仪礼是为政治。当时的人们认为只有这样做,才可以实现国土安泰、五谷丰登,而且还可以维系为政者统治的安定。于是,贵族们就将宫廷仪式、祭礼的程序、手续、先例等详细地记录在日记中,有意图地对相关知识与情报进行收集、积累,以避免在仪礼的场合出现错误,并且可以自如地应对任何询问。而且,为避免子孙献丑于人前,日记还被作为家族秘藏、不外传的资料保存。

但是,在保元之乱后的动荡中,无法按照先例执行仪礼的情况屡见不鲜,所谓政治的衰退成了一种常态。尽管如此,备感危机的贵族却为数不多。而唤醒这群贪图安逸之臣的,正是后鸟羽。

习礼与公事竖义

首先,后鸟羽认为,作为治天之君,其本人必须对全体有所掌握,于是便发挥他天生的魄力,开始奋力学习宫廷仪礼,很快就读完了藤原赖长的日记《台记》、九条兼实的日记《玉叶》等由诸家呈上的仪礼相关资料。在加深了对仪礼的理解后,后鸟羽马上就着手开展仪礼教育,即习礼与公事竖义。

习礼即仪式的预行演练,公事竖义则是采用寺院内论义佛典的形式、以宫廷仪礼为主题的一种口头考试。九条兼实之孙道家的日记《玉蕊》记载,在顺德践祚的第二年(1211),改年号为建历后不久的三月二十二日,后鸟羽就举行了"节会习礼",道家被指定为负责统筹的内弁之职,并且因执行得力而受到了后鸟羽的称赞。此时,距顺德践祚刚刚过去五个月(承元五年即建历元年,在一月后还有一个闰一月)。由此,可见后鸟羽超强的学习能力、为达目标的实行力以及对教育的热情。

另外,在确定顺德的大尝会之期为建历二年(1212)十一月后,后鸟羽提前一年多时间在建历元年(1211)九月就举行了以大尝会为题的公事竖义。大尝会是天皇一世一次的重要祭仪。后鸟羽将关白、太政大臣等众多廷臣召集至院御所,分十组进行论义。藤原定家的日记《明月记》九月二十五日条记载,如果出现错误,后鸟羽就会敲响地板进行指出。出席者中有人因此在众人面前颜面扫地。

贵族们为此也是拼尽全力。《明月记》就记录下了公事竖义前战战兢兢、为仪礼学习而精疲力竭的贵族形象。不过，由此不难想象的是，在建历、建保年间宫廷仪礼得以复兴。朝廷政治恢复了应有的状态。后鸟羽将这些经验之谈记录在了《世俗浅深秘抄》这本宫廷仪礼的故实书内。顺德在其父亲的影响下，也在内里举行习礼，且著有故实书《禁密抄》。如前文所言，将学问、音乐、和歌视为天皇必修教养的，正是这本《禁密抄》。

如果将后鸟羽与贵族们的君臣关系放置在现代，就好比传统大企业中四代独裁的会长（从白河算起，后鸟羽为第四代治天之君，如果将天皇比作现役社长的话，那后鸟羽就相当于第四代会长）与管理职社员的关系。充满活力且能力极强的会长多次亲自主持社内研修。处于管理职的社员不仅不能不出席，而且如果不努力学习的话还会当众丢丑，甚至影响晋升。并且，社长还是会长方针的支持者，也召开类似的研修会。也许企业的业绩会因此提升，但对社员而言却苦不堪言。贵族们着实很是辛苦。

水无濑殿的君臣关系

然而，与充满紧张感的习礼、公事竖义不同，也有可以享受自由、满足玩乐之心的场所。距离京都不远不近、可以瞭望水无赖川的离宫水无濑殿就是这样的地方，"瞭望"歌就是创作于此。来到水无濑殿，后鸟羽可以尽情享受解放的自由。游船享乐、骑马狩猎、围棋、象棋、双六、连歌、猿乐、召来游女唱诵今样、郢曲(歌谣的总称)等等,终日纵情享乐。近臣们在这里同样也可以得到稍许放松吧。

　　水无濑殿中有后鸟羽制定的有趣规定。《明月记》载,后鸟羽要求家臣们穿着殿上人的常服"水干"。尽管禁止奢华,但也需要十分别致、用心衣着。并且,后鸟羽本人作为主君也穿着水干。全员穿着水干,不论身份高低上下,共享愉悦时光的做法,变相创造出了一个自由、平等的非日常的世界。后鸟羽的目的就在于此,正是要在主君与臣下间建立一种同志般的君臣关系。

　　但是,这种自由、平等以及同志关系自始至终都是后鸟羽设定的。根据《明月记》建仁二年(1202)七月二十一日条的记载,或许是因为自由过度,当后鸟羽母亲七条院殖子的堂兄弟藤原信雅与后鸟羽穿着同样纹样的水干时,后鸟羽勃然大怒,指责其"虽为嬉戏之举,颇有所恐",还令人脱去了藤原信雅的水干。自由、平等以及同志意识,全部是王者后鸟羽给予的,对于轻视王者权威的行为,即便是嬉戏之举,也是不被允许的。同样的事情,当然在充满紧张感的习礼上也见得到。《玉蕊》承久二年(1220)四月二日条记载,内里举行"赌弓习礼"时,顺德令殿上人藤原重长"拟主上",即扮演了天皇的角色。对此,后鸟羽引证堀河、近卫、高仓时代的先例,以"不忠"之名责备了没有阻止顺德嬉戏的藤原道家。

吉野朋美用"水无濑理论"形容水无濑殿中非日常的、私人的空间特质。不过，指向正统帝王，且热爱自由、充满玩乐之心的后鸟羽经常如此。一方面将帝王赋予的自由、同志意识强加于家臣，另一方面当帝王的权威遭到触犯时又会怒不可遏。如此想来，所谓"水无濑理论"反而是后鸟羽在君臣关系中的基本姿态。

最胜四天王院的营造

后鸟羽在文化的软件方面发挥出了过人的能力，但与过去的治天之君不同，他在文化的硬件方面没有表现出特别的兴致。作为文化的硬件，引人注目的是御愿寺最胜四天王院。依据军记物语《承久记》"古活字本"中"关东调伏之堂"的记述，该寺院被认为是后鸟羽为颠覆幕府而建，在源实朝横死后的承久元年（1219）四月，为销毁证据而被烧毁。但是，在该寺修建之时，朝廷与幕府的关系处于相互协调的状态，并不存在诅咒幕府的理由，具体的展开留待下一章内容。

后鸟羽修建御愿寺的构想始于建仁三年（1203）。所谓构想，即在其中修建作为宗教设施的本堂、药师堂，作为居住设施的御所。在此基础上，在室内纸糊拉门上以大和绘、唐绘描绘日本各地的名胜，并附上与各名胜有关的和歌、汉诗（书写于彩纸之上后，贴在名胜画作旁）。但当时《新古今集》正在编纂之中,而且阿释(俊成)的 90 岁贺宴也在筹备之中,因此并不具备实现这一构想的条件。《新古今集》竟宴后的元久二年(1205)四月,后鸟羽获得了慈圆献上的三条白川房之地。其后,从承元元年(1207)开始,后鸟羽便着手在此地修建御愿寺。据《仙洞御移徙部类记》所引《三中记》承元二年(1208)七月十九日条的记录,御堂建造的主要责任人是七条院殖子之兄、院近臣坊门信清。

另外,虽然关于汉诗与唐绘有诸多不明之处,但大和绘与和歌的情况却可以从《明月记》和《最胜四天王院障子和歌》中获知。并且,已经不复存在的建筑内部构造也得以复原。《明月记》四月二十一日条记载,被指定为设计者的藤原定家,一边看着设计图纸,一边构思名胜与空间的搭配关系,对名胜的风韵、景物、季节、天气等信息进行了整理。所谓"名胜",是通过和歌描绘而被都城人所熟知、具有共同印象的地方。作为歌人的藤原定家对绘画的绘师也进行了指示。其后,后鸟羽、慈圆、藤原定家等 10 位歌人在不参看画作的情况下,各自以 46 处名胜为题创作和歌,并由后鸟羽在总计 460 首的和歌中挑选出了 46 首。承元元年(1207)十一月二十九日,举行御堂供养佛事,寺院被命名为最胜四天王院。

统治全日本的象征

在御所中，各处分别配置了不同的大和绘，如处于核心位置的、正式的空间里有大和的春日野、吉野山，后鸟羽寝殿附近的私人空间内有山城的鸟羽、伏见里，稍远些的地方有陆奥的安达原、盐窑浦等。这样的配置是基于对京城与名胜之间的往来距离与季节变化等因素的考虑。另外，画作上搭配观赏风中漫舞的樱花、聆听布谷鸟与鹿的鸣叫声、感受清流中泡沫的清凉、被如花般飘落的白雪濡湿等内容的和歌，还为二元的绘画世界增添了五官可以感受的立体维度，使日本国土跃然纸上。而处于这个世界中心的，正是后鸟羽。

对于《最胜四天王院障子和歌》中的世界，久保田淳认为这是后鸟羽统治"全日本的缩图"；而渡边裕美子则将其描绘为后鸟羽"统率循环的四季即永恒的时间与全日本的空间的'幻梦帝国'"。后鸟羽将其凌驾于公家、武家、寺社所谓诸权门之上，君临全日本的帝王印象通过诉诸五官感受的方式加以表达。此外，寺院名取自护国经典《金光明最胜王经》与护持佛法的"四天王"，这也说明最胜四天王院确实是象征后鸟羽依据王法、佛法统治全日本的寺院。

另外，前文介绍了池田忍的性别论，他认为绘卷、纸绘是象征私人的、"女性性"的媒介，障子绘、屏风绘是象征官方的、"男性性"的媒介。按照池田忍的观点，后鸟羽恰是利用了"男性性"的媒介来向世人表明其对全日本的统治。其祖父后白河喜好绘卷。二者的共通点很多，但在这一点上却截然相反。

以上，通过本章的叙述，我们了解了后鸟羽作为文化巨人以及君临帝王的侧面。在后鸟羽主宰院政期间，毫无疑问，朝廷大放异彩。不过，光、影相随，有光的地方就有阴影。在高能帝王急速驱驰的巨型列车面前，有人错过，有人被拒载，也有人主动拒绝搭乘。在这些人找寻的出路之中，就有在东国诞生并成长起来的另一个政权——镰仓幕府。下一章就将围绕后鸟羽院政期的东国、源实朝的幕府展开。

第二章　源实朝的幕府

1　三代将军源实朝

悲剧的天才歌人？

虽为镰仓幕府的将军，却沉溺于和歌、蹴鞠等公家文化；是撰有《金槐和歌集》（略称《金槐集》）的天才歌人，却因此在粗犷的东国武士中成了孤立的存在；还是在朝廷与幕府、源氏与北条氏的夹缝间苦恼，年纪轻轻就被侄子杀害的悲剧贵公子。提及源实朝，大抵这样印象是十分深刻的。

当然，这也并非毫无根据。比如，正冈子规、斋藤茂吉、小林秀雄等歌人、评论家都曾给予源实朝高度评价，认为他是吟咏"万叶调"秀歌的天才歌人。

> 翻越箱根路,伊豆海乃现。海上之小岛,波浪奔涌来。
>
> (箱根路を　われ越えくれば　伊豆の海や　沖の小島に　波の寄る見ゆ)

这是《金槐集》中第 639 首和歌,确实是万叶调的雄大秀歌。另外,依据《吾妻镜》"当代者,以歌、鞠为业,武艺似废。以女性为宗,勇士如无之"的记述(建历三年九月二十六日条),也可以想见东国武士对源实朝沉迷和歌、蹴鞠的批判。

但是,随着研究的展开,相关成果说明这只是基于先入认识的一种印象。通常来说,东国武士往往期望补任朝廷的卫门尉、马允等官职,以此借助朝廷传统的权威来强化、维持自己的权力。武士团内部设置了在地与在京武士不同的职责分工,在地武士竭力经营土地、确保自身利益,在京武士则致力于构建与贵族的人脉关系。在京经验丰富的武士中,不乏入选敕撰集的优秀歌人以及在都城人前展示乐器演奏的音乐达人。

更何况源实朝还是幕府将军。源实朝交往的对象是天皇、院及公卿,如果没有都城的文化教养,则全无对话的可能。源实朝的父亲赖朝也是受到慈圆称赞的和歌名手。二代将军兄长源赖家也是蹴鞠的达人。《吾妻镜》中所谓的批判,更像是那些武勇一边倒的武士们因无法理解而发出的揶揄与抱怨。

另外,所谓天才歌人是基于近代短歌的视点所作出的评价。诚然,虽然为数不多,但源实朝的作品中确有扣人心弦的秀歌。但是,与以题咏为基本、巧妙运用"本歌取"①技法的新古今时代的歌人相比,源实朝的和歌则显然十分稚嫩、拙劣。

源实朝木像
现存最早的雕像,作者不详。面容气度不凡。藏于甲斐善光寺

---

① 以经典和歌的部分表述为基础创作和歌的一种手法。

　　而且,成人后的源实朝推进将军亲裁,后鸟羽的朝廷与源实朝的幕府建立了良好的关系。即便是执权北条氏也无法堂而皇之地反抗将军权力。所谓源实朝在朝廷与幕府、源氏与北条氏的夹缝间苦恼万分也是基于先入观的一种印象。本章内容将摒弃这些先入认识,结合史实对源实朝的幕府加以解析。

被拥立的将军

　　建久三年(1192)八月九日巳时(上午10点左右),源实朝作为源赖朝、北条政子夫妇的次子诞生。此时是征夷大将军补任除书(辞令)送抵镰仓后的第13天,可以说是在源赖朝的鼎盛期迎来了源实朝的降生。源实朝乳名称"千幡",乳母是北条政子的妹妹阿波局,北条氏因此成了千幡的乳母夫(乳母夫往往充当后盾并予以辅佐)。这也为北条氏与源赖家乳母夫比企氏的不和埋下了伏笔。

　　正治元年(1199)一月,源赖朝突然去世。在源赖家成为二代将军后,北条氏与比企氏间的暗斗升级为明争。建仁三年(1203)八月,利用源赖家病入膏肓之机,北条氏采取攻势消灭了比企氏,是为比企之乱。奇迹般恢复的源赖家被迫出家,并被囚禁于伊豆的修善寺内。翌年被杀,享年23岁。

　　在北条氏的拥立下,千幡继任三代将军。后鸟羽的朝廷应幕府之请，在建仁三年（1203）九月七日，令 12 岁的年幼千幡晋升从五位下，补任征夷大将军。据《明月记》、近卫家实的日记《猪隈关白记》记载，为新将军取名"实朝"的正是后鸟羽。换言之，源实朝的名亲①就是后鸟羽。十月八日，千幡在北条时政的名越亭举行元服仪式，开始正式使用实朝这个名字。翌年元久元年（1204）末，后鸟羽近臣坊门信清之女下嫁源实朝，作为御台所（正妻）东下镰仓。通过这位相当于后鸟羽表妹的女性，源实朝与后鸟羽间建立起了密切的关系。

由于将军源实朝年幼，因此幕政由北条时政代为主导。但是，权力斗争仍然在继续，元久二年（1205）六月，在北条时政的阴谋策划下，源赖朝时期以来的重臣畠山重忠一族被灭，而闰七月发生的牧氏事件（参照第 127 页）则导致了北条时政的下台。于是，便形成了将军生母北条政子以行使亲权的形式代行将军权力，并由其弟北条义时实质上主导政治的体制。

这一年的前半，想必 14 岁的源实朝从御台所、女房等处耳闻了京都歌坛的盛况。因为四月十二日源实朝尝试创作了 12 首和歌。得知亡父源赖朝的和歌入选《新古今集》后，即指示藤原定家的弟子内藤朝亲（后改称知亲）抄写《新

---

① 幼童成人时为其起名的人，起名者与被起名者之间存在模拟的亲子关系。

古今集》，并在一系列权力斗争告一段落后的九月从京都送至镰仓。《吾妻镜》承元三年（1209）七月五日条记载："建永元年御初学。"建永元年（1206）是源实朝获得《新古今集》后的第二年，由此可以想见，在以《新古今集》为教科书后，源实朝才真正开始修习和歌。

即便如此，源实朝的和歌活动也仅限于同被称为"京都熟悉之辈"即具有丰富在京经验的侧近以及东下镰仓的京都贵族召开歌会、鉴赏和歌谈义的程度而已。承元三年（1209）七月转机来临。源实朝请藤原定家为其创作的 30 首和歌进行批改。藤原定家为向其传授本歌取技法等内容，专门撰写了《近代秀歌》赠予源赖朝。此后，二人间就建立起了良好的师徒关系。

自立的将军

承元三年（1209），幕政也迎来了转机。年满 18 岁的源实朝开始了将军亲裁。五味文彦认为，承元三年（1209）四月，源实朝利用晋升从三位的契机，开设政所①，开始行使亲裁权。此后，开始下发由别当四到五人以及令、知家事各一人共同签署的将军家政所下文，政所逐步发展成为将军

① 镰仓幕府内负责财政、处理诉讼等事务的重要政务机构。别当为最高长官。

亲裁的中心政务机关。

但是，最初北条义时、大江广元等幕府的首脑们作出了蔑视年轻实朝的举动。据《吾妻镜》十一月七日条记录，"武艺为事，令警卫朝廷给者，可为关东长久基之由，相州、大官令等被尽讽词"（相模守北条义时、大官令［大膳大夫］大江广元等谏言：专心武艺，警固朝廷，可为幕府长久安泰之根基）。这段记录后来成了塑造源实朝文弱将军形象的依据。确实，源实朝在身体能力方面并不出众，并不是像源赖朝、赖家一样以武艺获得武士支持的类型。但是，重要的是作为主君的毅然姿态与气概。在这方面，源实朝并不逊色。

一周后的十一月十四日，北条义时向源实朝提出要求，希望下令准许其"郎从"获得相当于"侍"的身份地位。"侍"是相当于六位的御家人身份，而"郎从"不过是御家人的家臣。北条义时要求自己的郎从享受特别待遇，这种做法显然十分傲慢。对此，源实朝认为如若允许，将导致幕府内部身份秩序的混乱，召来灾祸，"永不可有御免之趣，严密被仰出（严令永不可许之）"，毅然决然地拒绝了北条义时的要求。在北条义时看开，此时的源实朝仍是自幼在其身边长大的孩子，结果源实朝的严词拒绝令其倍感意外。此后，在相当长时间内，北条义时再无讽谏之举。

统治者源实朝

　　源实朝作为统治者接连推出各种政策并取得了成果。例如承元四年(1210)三月十四日的武藏国田文、国务条条作成令,同八月九日的神社佛寺领兴行令,同十月十三日的诸国御牧兴行令,建历元年(1211)六月二十六日的东海道新宿建立令,同十二月二十七日的骏河、武藏、越后等大田文作成令,建历二年(1212)二月十九日的京都大番役推进令,同二月二十八日的相模川桥修理令,同八月十九日的诸国鹰狩禁断令等。

　　"兴行"神社、佛寺所领的经营,即加以振兴,将神佛的威严、光辉发扬光大,直接关系着国土的安泰以及五谷的丰稔。这是支配广阔地域的统治者的责任。同时,在连接京都与镰仓的东海道上增设新的宿驿;修建桥梁,消除庶民往来以及将军为祈愿国土安稳参拜箱根、伊豆两权现①的"二所诣"的困扰;发展牧业、培育作为交通工具以及军备的马匹,这些都是对辽阔疆域进行统治时必不可少的交通政策。并且,制作构成御家人缴纳赋役基准

---

① 箱根、伊豆权现,即箱根权现与伊豆山权现,亦称两所权现或二所权现。佛、菩萨垂迹化身之神称权现,箱根权现与伊豆山权现即被视为文殊菩萨、千手观音等在日本的化身之神,在镰仓时期备受幕府历代将军的崇信。参拜二所权现即称"二所诣"。

的土地账簿"田文"，规定国务规则，严格要求御家人履行最重要的御家人役"京都大番役"也是针对御家人的统治政策。值得注意的是，对于源实朝的亲裁，并没有御家人不服从或是反对的迹象。

此外，建历二年（1212）八月十九日颁布的鹰狩禁断令也值得关注。自古，鹰狩禁断这样的禁止杀生令都是由帝王发布的命令。源赖朝也曾在建久六年（1195）九月发布鹰狩禁断令，不过当时的源赖朝通过出席东大寺大佛殿落成的供养仪式，积极地营造着王法、佛法护持者的形象，并且开始筹措大姬入宫的工作，对王权有了全新的认识。源实朝以"为报君恩父德"之名，修建了名为大慈寺（现为废寺）的御愿寺，立柱上栋的时间是发布鹰狩禁断令的前四个月，即四月十八日。当然，这里的"君"是后鸟羽，"父"是源赖朝。此时，源实朝已经明确地认识到了后鸟羽的王权。建历二年（1212）年仅 21 的源实朝就已经达到了其父源赖朝晚年的境界。

积极援助闲院内里的修建，也体现了源实朝对王权的认识。后鸟羽朝廷方面，建历二年（1212）七月二十七日开始了修建的事宜，在举行顺德大尝会前的十二月二日上栋，翌年三年二月二十七日，顺德迁幸新内里。当晚，举行了劝赏（论功行赏），源实朝也因协助营造有功而晋升正二位。携幕府协力里内里（临时建造的皇宫）闲院的建造，既是对帝王日常的支持,也是源实朝王权意识的体现。

　　但是,达到这样的境地需要不懈的努力。《吾妻镜》载,源实朝在建历元年(1211)七月至十一月学习了《贞观政要》。《贞观政要》是唐太宗与群臣的问答录,是后鸟羽也曾学习的帝王学教科书。源实朝通过这样切实努力的积累,逐步从被拥立的将军成长、自立为君临于御家人之上的将军,并以他的权威、权力统率幕府御家人。

《金槐和歌集》的秀歌

　　源实朝作为将军的自立在建历三年(1213)后半成立的家集《金槐集》中也有表现。《金槐集》存在“定家所传本”(建历三年本)与“柳营亚槐本”(贞享本)两个版本。通常认为前者是源实朝亲自分类、排序的版本,因此本书采用该版本展开论述。

　　“定家所传本”的和歌总数为 663 首,由春、夏、秋、冬、贺、恋、旅、杂 8 部组成,在“杂”部中收录了众多源实朝风格的秀歌。例如,第 608 首和歌。

　　　　路边可怜儿,啼哭泪不止。父母双双亡,声声唤母亲。

　　　　(いとほしや　見るに涙も　とどまらず　親もなき子の　母を尋ぬる)

如其前言所述，该和歌是在年幼的孩子因父母双亡而在路边哭泣着找母亲的情境下所创作的和歌。可以想见，源实朝对幼童失去双亲的悲伤、恐惧、失落感、孤独感从内心产生了共鸣。源实朝也是一位自幼失去父亲，且现今必须时刻做出孤独决断、必须领导众人的统治者。如此解读这首和歌背后的含义未必离题甚远。

还有咏歌背景明确的和歌。其前言所谓"建历元年七月，洪水漫天，思土民愁叹，独向本尊，致祈念曰"的第619首和歌。

> 时者，过犹不及，民之为叹。八大龙王，降雨可休。
> （時により　過ぐれば民の　嘆きなり　八大龍
> 王　雨やめたまへ）

和歌大意是，时节不同，降雨过量，则百姓哀叹，掌管降水的八大龙王，请不要再下雨了。诚然是一位忧民统治者的和歌。不过，从各种史料记录来看，建历元年（1211）七月时既没有暴雨也没有洪水，反而是时逢干旱。源实朝吟咏的为何不是祈雨歌，反而是止雨歌呢？值得注意的是，和歌前言中罕见的"漫天""致祈念曰"所谓汉文风的表述以及"建历元年七月"这一时间。源实朝此时正在学习《贞观政要》，很有可能希望将统治者应有的姿态寄情于和歌之中。另外，渡部泰明注意到，"降雨可休"

（「雨やめたまへ」）这句的韵音呈现"aeaeaae"的有趣连续。源实朝是对音韵十分敏感的歌人。换言之，源实朝或是为了巧用音韵吟咏一首统治者之歌，故而创作了一首止雨歌，而非祈雨歌。

统治者的和歌

同样可以读出音韵的趣味以及统治者气概的，还有题为"祝之歌"的第369、370两首和歌。

> 君之代，吾之代，千秋万岁。石川之濑见小川，川流不息。
>
> （君が代も　わが世も尽きじ　石川や　瀬見の小川の　絶えじとおもへば）
>
> 日出东方，吾代永存。天石屋户，月日之出。斗转星移，永照世间。
>
> （朝にありて　わが世は尽きじ　天の戸や　出づる月日の　照らむかぎりは）

第369首和歌采用了本歌取的技法，其中的第三、四句出自鸭长明的《新古今集》入集歌"石川之濑见小川，水流清亦澈。明月来问询，宿于川面上（石川や　瀬見の小川の　清ければ　月も流れを　尋ねてぞすむ）"（第1894首）。鸭长明是被选为和歌所职员的歌人，在围绕下鸭社摄社（祭

祀与本社相关神祇的神社,地位介于本社与末社之间)河合社祢宜之职展开的一族纷争中落败后,即放弃一切归隐山林,并创作了《方丈记》《无名抄》等作品。

建历元年(1211)亦或二年(1212),鸭长明下向东国,拜谒源实朝。得见如此著名歌人的源实朝,在直接从鸭长明处听闻了关于和歌"濑见小川"的故事后,大概就产生了以"本歌取"技法创作和歌的想法吧。彼时,源实朝巧妙地运用了音韵。在第一、二句中叠用"gayomo"(ガヨモ),第三、四句中重复"kawa(gawa)"(カワ・ガワ),并且以结句"絶えじ"的"じ"(zi)与第三句"尽きじ"的"じ"(zi)相呼应。如此细致入微的构思使这首和歌的音、律充满意趣。

但是,更值得注意的是"君之代"与"吾之代"的并列。如此大胆的和歌几乎是史无前例的。关于鸭长明下向关东的时间,《吾妻镜》记录为建历元年(1211),但按照五味文彦的观点,这一年的记录错简(由于书籍装订的疏漏,导致页码的顺序、记录的先后出现混乱)很多,从其他的史料来看,应是建历二年(1212)十月。这是顺德大尝会临近的时期。源实朝从鸭长明处了解了这一盛大仪式后,心生吟咏"祝歌"的想法也是自然而然的。当然,"君之代"的"君"指的是,推动土御门向顺德让位的治天之君后鸟羽。

第370首和歌则更加大胆。初句的"朝"指朝廷,三、四句指由天之岩户走出的天照大神的子孙院、天皇。尽管限定了所谓只要光辉闪耀的条件,但源实朝实际是在高声吟咏"吾代永存",即自己的生命、治世永无止境。显然,不断推进将军亲裁、强化王权认识的源实朝所创作的和歌即是统治者的和歌。然而,建历三年(1213)源实朝统治的镰仓却遭遇了和田合战的剧烈的震荡。

2　镰仓的动荡

镰仓初期最大的武力抗争

建历三年(1213)五月和田合战爆发,战火在镰仓持续了两日,将军御所被烧毁,这是镰仓初期最大规模的武力争斗。其爆发的背景是相模御家人反抗北条氏对相模的支配。在梶原景时、畠山重忠、比企能员等有力御家人接连衰败后,成为反北条氏中心的,是以侍所别当①的身份维持势力的三浦氏长老和田义盛。但是,三浦氏也存在大武士团特有的问题。围绕总领的地位,较义盛年轻近20岁的堂弟义村、胤义兄弟即心怀不满。

即便如此,和田义盛对北条氏来说也构成巨大威胁。

---

① 侍所是负责统治御家人的幕府重要机构,别当即侍所最高长官。

和田义盛作为侍所别当不仅获得了御家人的支持，而且与源实朝也建立了亲密的关系。自幼丧父的源实朝，对与源赖朝生年相同的和田义盛抱有亲近感。承元三年（1209）五月，既非源氏一门又非执权的和田义盛向源实朝请求推荐其出任比"侍"地位更高的"诸大夫"上总介之职。源实朝向其母政子征求意见时，政子认为若新开先例则任由源实朝决策，但若以源赖朝时代的先例为准则当予以回绝。这就是此前以亲权为后盾为源实朝代行将军权力的极为强势的母亲。尽管如此，源实朝还是为此努力了两年半。在北条氏无言的压力下，加之上总介之职由院近臣藤原秀康出任，结果，和田义盛的愿望没能实现，但源实朝与和田义盛的良好关系却没有受到影响。

这从建历三年（1213）正月"垸饭"的顺序上也可以窥见一斑。在大江广元、北条义时、北条时房（义时之弟）之后，就轮到了和田义盛。所谓垸饭，是御家人宴请、招待将军的仪式，具有昭示御家人身份序列的意义。也就是说，源实朝公开认可了和田义盛仅次于大江广元、北条氏的序列地位。另外，和田义盛之孙朝盛也以和歌与源实朝建立了十分紧密的关系。结果，备受御家人支持，且与源实朝关系亲密的和田氏，就成了北条义时等北条氏的眼中钉，欲除之而后快。

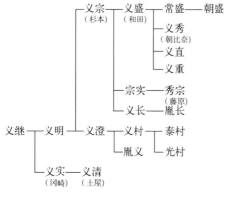

三浦氏略谱

泉亲衡之乱

在和田、北条两氏对抗的过程中，建历三年(1213)二月十六日发生了一个事件。信浓国的御家人泉亲衡意图拥立源赖家遗孤千手丸、打倒北条义时的计划被发现。是为泉亲衡之乱。令人震惊的是，和田义盛之子义直、义重与其侄胤长也在被逮捕者之列。三月八日，和田义盛在将军御所向源实朝直接请愿赦免其子。于是，源实朝在没有提交众议的情况下，以和田义盛的功勋即刻赦免了义直与义重。翌日，和田义盛率一族98人再次请愿赦免其侄胤长之罪。这次是大江广元充当了上奏的申次之职。但是，被北条义时被官(家臣)金窪行亲、安藤忠家扣押的胤长却在一族面前被反绑双手押走,而且还被处以流罪。这显然是北条义时的挑衅。倍感屈辱的和田义盛等和田一族就此停止了御所出仕。

三月二十五日,和田义盛提出申请,希望拜领位于荏柄社前的阙所地①,即原胤长的宅基地。按照先例,阙所地通常赐予同族,而且该处位于将军御所的东门附近,方便宿值(夜间在身份尊贵的人身旁护卫),因此源实朝很快便同意了。但四月二日,北条义时声称由自己拜领,再次将该地收公。另一方面,以和歌与源实朝建立良好关系的义时之孙朝盛,因苦恼不已在四月十五日出家。源实朝将朝盛召至御所,看到落发出家的朝盛,一边慨叹难过,一边意识到了事态的严重性。

四月二十七日,源实朝为平定不稳的情势,向和田义盛派出了抚慰的使者。使者回报,和田义盛答称:"于上全不存恨,相州所为,旁若无人之间,为寻承子细,可发向之由,近日若辈等,潜以令群议讫。义盛度度虽谏之,一切不拘,已成同心讫。此上,事力不及(对主君源实朝全无恨意。相模守北条义时的所作所为简直旁若无人。对事情原委加以确认后得知,近日年轻武士私下聚集商讨,意欲起兵。义盛多番劝谏,但全然不被接纳,一众已达成一致。事已至此,

―――――――――――

① 被没收、无人领有的土地。

无力阻止）。"

和田合战的爆发

建历三年(1213)五月二日,和田义盛决意起兵,和田合战爆发。《吾妻镜》《明月记》《愚管抄》记录了和田合战的大致经过。首先,住在和田义盛宅邸附近的八田知重注意到了军兵的集结,于是向将军御所南邻的大江广元宅派出了急使。正在举行宴会的大江广元即刻奔向御所。三浦义村、胤义兄弟也赶至北条义时宅邸,向北条义时报告了义盛举兵的消息。两兄弟"与义盛成一诺,可警固北门之由,乍书同心起请文(承诺支援义盛,守卫御所北门,并写下了以此为内容、发誓同心协力的誓文)",但二人却倒戈了。正在举行围棋会的北条义时也迅速参上御所。据说,当时源实朝正在举行酒宴,御所全无警备。

申时(下午 4 点左右),和田义盛、土屋义清(义盛叔父冈崎义实之子)、古郡保忠等一百五十骑分三路,向御所南门以及小町大路北条义时宅邸的西、北两门发动袭击。之所以攻打御所的南门,应是与三浦义村、胤义约定了由此二人看守北门的缘故。一般认为三浦义村的宅邸位于御所西门附近,因此如果和田义盛攻打南门,则御所的北、西、南三面可控。和田义盛申请拜领胤长的宅基地,大概也是考虑到如果获得方便宿直、临近御所东门的这块土地,就可以从

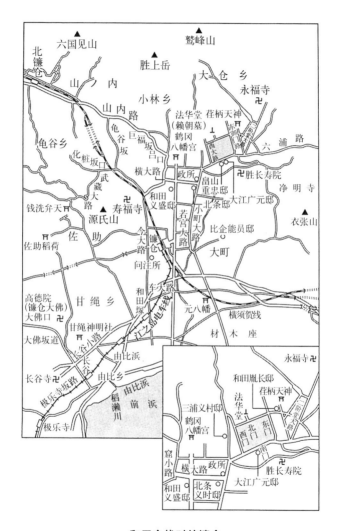

和田合战时的镰仓

依据坂井孝一《源实朝》(讲谈社)制成

四面控制御所。其后不久,北条义时强行夺回,大概就是看穿了和田义盛的意图。

但是,由于三浦义村、胤义兄弟的背叛,结果除南门外,西、北、东三面都被北条义时方控制。大江广元、北条义时携源实朝成功从北门逃出,并进入了源赖朝的菩提所法华堂。和田义盛三子豪杰朝比奈义秀率众推倒总门冲入御所时,源实朝已经不见踪影。

说来,举兵的时间"申时"是下午4点左右。本应发动突袭的和田义盛为何会在五月初的天色尚明之时举兵呢?这是因为和田义盛希望利用大江广元举行宴会、北条义时下棋的不备之机,趁御所警备松弛控制将军源实朝。然而,毫厘之差,和田义盛即败了。结果,这也成了决定双方胜负的分歧点。

二日激战

即便如此,和田义盛方仍然奋战了一昼夜。五月三日寅时(清晨4点左右),承诺支援和田义盛举兵的南武藏横山时兼率兵抵达腰越边。由此也可以推断,原定的举兵时间应是在昏暗的破晓时分。得到支援的和田义盛方再次取得优势。辰时(上午8点左右),西相模的曾我、中村、二宫、河村氏也排兵布阵,进入备战状态。但是,战斗的两方是执权与侍所别当。对于举棋不定、犹豫是否参战的他们,身处法华堂之中的源实朝发出了亲署花押(签名)的御教书,下令加入拥护将军的北条义时方即幕府军。

其后,源实朝还将亲署花押的御教书送至各处,并向鹤岗八幡宫奉纳了祈祷胜利的愿文,其中还添附了两首亲手书写的和歌。西时(下午6点左右),和田方多数战死,朝比奈义秀等五百骑分乘六艘船逃往安房,胜负已见分晓。和田义盛享年67岁,不愧东国武士豪迈的一生。

翌日,源实朝检视了示众于片濑川边的234个和田方首级,并犒慰了幕府军的负伤者。随后便开始履行自己最重要的职责,对功勋进行评定,而空缺的侍所别当一职则由北条义时出任。对于执权北条氏而言,和田合战不仅打倒了最大、最强的竞争对手和田义盛,而且还成为其巩固权力基础的绝佳机会。与此同时,和田合战还使源实朝本人以及北条氏、御家人等深刻地认识到了将军地位以及将军权力的举足轻重。因为胜败的分歧点即在于掌控将军本人,而将军亲自签署的御教书在军事动员方面也发挥了巨大的作用。和田合战后,这样的将军与执权间便出现了直接的对峙。

"纵山崩、海枯之世"

另外,和田合战后,即建历三年(1213)后半,在源实朝自撰的《金槐集》中出现了强烈吐露对后鸟羽情感的和歌。

即冠以所谓"蒙赐太上天皇御书时所作之歌"前言的卷末 3
首(661—663)。其中,家集的最后一首即第 663 首和歌十
分有名。

> 纵山崩、海枯之世,亦对君绝无二心。
>
> （山は裂け　海は浅せなむ　世なりとも　君に
> ふた心　わがあらめやも）

即便此世山石崩裂、海水枯竭,对"君"即后鸟羽也绝无违背
"二心",是对这首和歌歌意的一般解读。令人印象深刻的
初句、二句以《万叶集》第 3852 首"海死乎？山亡乎？二者
皆可逝,乃潮干、山枯"(鯨魚取り　海や死にする　山や死
にする　死ぬれこそ　海は潮干て　山は枯れすれ)为基
础。这首和歌所谓"太上天皇"下赐"御书"的前言以及其近
似悲痛呼喊的声调使其备受关注。甚至有观点认为源实朝
创作这首和歌的动机源于无法遵从后鸟羽关于临时课税、
神领兴行等政治要求的苦衷以及朝廷与幕府间倾轧的苦
恼。但是,源实朝会仅仅因为政治问题就发出"对君无二
心"的悲痛呼喊吗？

　　不仅是声调,卷末 3 首的用语、表现形式也存在特异
性。第 661 首和歌初句中的"大君",第 662 首和歌初句、二
句中的"东之国"都是仅见于这两首和歌的用语。尤其是
"东之国",由于幕府位处东国,因此这样的用词通常被认为

是理所当然,但"东之国"却几乎没有作为歌语使用的情况。当然,"二心"也仅见于第 663 首和歌。换言之,卷末 3 首与《金槐集》的其他和歌间存在质的不同,甚至给人一种 3 首独立的感觉。

和田合战与卷末三首

再次回顾一下和田合战后的情况。想必源实朝还是心怀忧虑的,因为幕府收到了朝比奈义秀等和田方残党逃奔西海的消息。在胜负已见分晓的五月三日,源实朝向京都送去了亲署花押的御教书,命令对潜入京都的残党进行斩杀。并且,九日,再次发出了严守院御所的旨令。

在源实朝危机感加剧的五月二十一日,镰仓还遭遇了强烈地震。根据《吾妻镜》同日记录,"舍屋破坏,山崩地裂,于此境,近代无如此大动(房屋倒塌,山崩地裂。此地,近年无此大震)",发生了大规模地震。房屋倒塌,造成了众多的人员死伤。京都使者返回镰仓的时间,是地震的第二天五月二十二日。据使者言,京都流言四起,后鸟羽发出禁令,顺德命在京御家人加强京中戒备,京中一片混乱。正如源实朝所担心的一样,和田合战对京都也产生了负面影响。而且,如果和田方残党潜入京都引发骚乱的话,对后鸟羽、顺德构成危害也不无可能。而这些最终都会成为将军源实朝的责任。因此必须加以杜绝。

　　结合这样的背景,再看一下第 663 首和歌。关于第三句的解读,通常将第三句的"世なりとも"与第二句最后的助动词"む"联系在一起,把此句解读为未来"即便变成那般世界"。但是,名词"世"＋断定助动词"なり"＋助词"とも",表达的意思是现在"即便是那般世界"。实际上,镰仓在五月二十一日遭遇"山崩地裂"的大地震,源实朝目睹了震后的惨状。初句、二句的"山崩、海枯"之"世"即是建历三年(1213)的当时之世。而且,也是源实朝忧虑和田方残党会对"君"后鸟羽造成危害的正当时。这样看来,源实朝的这首和歌应是基于其亲历大地震的强烈感受,以《万叶集》古歌为基础,竭力向后鸟羽表达其"对君绝无二心"心志的一首和歌。

　　另外,和歌前言中提及此 3 首是"御书"下赐时创作的和歌。所谓"御书"极有可能是五月二十二日由京都使者带回镰仓的。无论如何,源实朝势必书写了针对"御书"的回信。这 3 首或就是添附其中的和歌。在和田合战中,源实朝也曾在奉纳鹤岗八幡宫的祈祷愿文中附上了自己的和歌。这正是源实朝的行动范式。而且,接收这 3 首和歌的是亲自编撰《新古今集》的后鸟羽。这大概是最有效的方法了吧。考虑到这样的成立经过,对于卷末 3 首在音韵、使用语句、表现形式上体现出的特殊性以及这 3 首给人相对独立的印象便不难理解了。

建历三年(1213)后半，源实朝完成了《金槐集》的自撰。彼时，源赖朝萌生了将此3首用心之作加入其中的想法吧。据说在将《金槐集》送于藤原定家时，源实朝已经预想了后鸟羽过目的可能性。果真如此的话，那就更加合理了。从源实朝的和歌以及家集《金槐集》中留下的深刻印记来看，和田合战实为一场震荡剧烈的"大地震"。

3　朝幕协调的和平

后鸟羽的支援

建历三年(1213)十二月改元，是为建保元年。镰仓余震不断，源实朝受和田一族亡灵所扰，甚至偶有神经衰弱的情况。不过，无论是源实朝本人，还是执权北条义时、大江广元等幕府首脑，都深刻意识到了将军权力的举足轻重，加之北条氏敌对势力的消失，因此二者之间互补、协调的关系得以发展，幕政反而迎来了安定局面。

同时，京都朝廷方面，如前章所述，后鸟羽倾力复兴宫廷仪礼，朝廷政治逐步恢复了应有的状态。在此过程中，源实朝的幕府似乎并没有进入后鸟羽的视野。但是，建保三年(1215)却出现了变化。七月六日，御台所之兄坊门忠信奉后鸟羽之命，将"去六月二日仙洞歌合（众议判）一卷"送至源实朝处。这是后鸟羽在听闻飞鸟井雅经向源实朝献上水无濑殿的歌合后做出的决定。吉野朋美认为,后鸟羽的目的是加强源实朝对后鸟羽以及都城的憧憬、尊重与忠诚心。和田合战过后两年多,后鸟羽再次通过和歌将手伸向了源实朝。

建保四年(1216),来自后鸟羽的影响变得更加显著,主要体现在官位的晋升方面。六月二十日,源实朝升任权中纳言,七月二十日兼任左近卫中将。在和田合战前,建历三年(1213)二月二十七日,源实朝曾因修建闲院内里的功赏叙正二位,自此以后,在三年四个月的时间内再无升任、升叙。这或是因为源实朝已经升至高位、高官,但对于几乎每年都会获得官位晋升的源实朝而言却实属例外。然而,以建保四年(1216)六月为分界,源实朝的官、位开始再次上升。可以将这理解为后鸟羽朝廷对源实朝的支持吧。

将军亲裁的强化

对于后鸟羽的支持,源实朝也进行了回应。建保四年(1216),源实朝再次开始着力实施将军亲裁。二月二十三日,举行"二所诣",亲赴箱根、伊豆两权现祈祷国土安泰;四月九日,终日在常御所南面听取御家人的愁诉,并亲自进行裁断。并且,为处理各种事务,任命了三浦义村、善信(三善康信)、二阶堂行光、中原仲业四人为奉行①。另外,十月五

---

① 负责、执行特定政务的责任人。

日,还举行了"庭中言上",即听取御家人上诉并加以裁断,实施了名副其实的将军亲裁。而且,还行使官位推荐权,实现了御家人官位晋升的愿望。大江广元在一月二十七日出任大国受领陆奥守,这是源赖义、义家曾出任的荣光之职;北条义时也在一月十三日由正五位上升叙从四位下,翌年一月二十八日升任了当时北条氏的极官(历代的最高官职)右京权大夫。

将军亲裁的强化从幕府文书中也可以窥见一斑。五味文彦曾指出将军家政所下文的变化。将军家政所,自承元三年(1209)设立以来,置有四至五名别当。除北条义时、北条时房与大江广元之子亲广三名固定别当外,中原师俊、中原仲业、二阶堂行光等吏僚中还会有一至二人同为政所别当。当发布将军家政所下文时,需政所别当共同署名。但是,在"建保四年四月二十二日"签发的将军家政所下文中,在北条义时、北条时房、大江亲广、中原师俊、二阶堂行光之外,还增加了大江广元、源赖茂、源惟信、源仲章四位别当的署名。五味文彦将此称为"政所别当九人制",认为这是由源实朝侧近源仲章提案、以政所为据点的强化将军亲裁之策。但是,源赖茂、源惟信多在京都,因此侧近源仲章的加入就显得特别有意义。而出任陆奥守的幕府重镇大江广元的加入,则确保了此间的平衡,这种做法非常符合源实朝的作风。可见,源实朝将幕府首脑全部集结在将军权力的据点——政所,并进行了精心、厚重的布局。呼应后鸟羽支援的源实朝通过强化将军亲裁,使朝幕间的协调关系得到了进一步发展。

渡宋计划之迷

在强化将军亲裁的过程中,建保四年(1216)六月十五日,发生了一件不可思议的事情。负责重修东大寺大佛的宋朝技工陈和卿东下镰仓,在拜谒源实朝时,声泪俱下,称源实朝的前世是医王山(中国浙江阿育王山阿育王寺)的长老,而他则是其弟子。并且,源实朝本人也回应说,建历元年(1211)六月三日丑时曾在梦中得到同样的启示。在古代、中世的人们看来,梦就是神佛的启示、对未来的预知。当梦境实现时,做梦的人就会被视为具有与神佛感应的神力,成为众人敬畏的对象。

源实朝的梦真的应验了,甚至营造出了一种神圣性。当然,这是没有科学依据的。反而存在一种可能性,即源实朝明知托梦的意义,出于政治目的有意地加以利用。这次或许只是源实朝趁机附和了陈和卿的话。但是,这一不可思议的巧合却令听闻者为之惊叹,不由得产生敬畏之心。

于是,时任权中纳言的源实朝在十一月二十三日举行首次穿着"直衣"①的"直衣始"仪式后,翌日就发出了惊人

———————————

① 公卿的常服。

的命令,即为参拜前世所住"医王山",下令建造中国式的巨大"唐船",并指定了六十余名随行人员。结城朝光被任命为奉行。建造大船渡宋,实为令人难以置信的举动。北条义时与大江广元进言劝阻,但源实朝并没有接受,并下令开始造船。

一直以来,源实朝的渡宋计划就像迷一样令人难以理解,甚至有观点认为这是在东国武士中孤立的源实朝为了逃避现实而计划逃出日本。但是,下达建造唐船命令的时间是在升任权中纳言后举行"直衣始"仪式的第二天。此时,源实朝升任权中纳言的时日已不短,对后鸟羽的支持应当已经深信不疑。而且,四月时源实朝还曾亲自听取、裁断众人的愁诉,并发起了"政所别当九人制",正是强化将军亲裁的时期。所谓孤立、逃避现实、逃出日本等等,不过是基于先入观的误解而已。

值得关注的是,源实朝任命有力御家人结城朝光为奉行并指定六十余名随行者的做法以及北条义时、大江广元对此计划的反对。如前所述,经过和田合战,将军权力的举足轻重得到证实,将军与执权的关系进入互补、协调的阶段。于是,源实朝便认为无论是提出建造大船渡宋这样荒谬的计划,还是甄选出追随将军的数十名御家人的做法都是可行的。当然,建造大船需要巨额的费用与大量的人工,北条义时、大江广元作为辅佐将军的幕府首脑予以反对,也是理所当然的反应。

但是,源实朝力排众议、推进计划,大船在建保五年(1217)四月完成。这一巨大工程的完成充分展示了源实朝将军权力的强大。不过,在十七日的下水仪式上,500 名船夫倾尽全力花费五个小时拖拽,也没能使大船在由比浦上浮起。大船如果成功浮起,即便源实朝本人不渡宋,或许也可以进行日宋贸易或国内海上交易。然而,在由比海边不断腐朽的巨大船体却只是成为将军失政的象征,源实朝为此备感受挫。

4　将军惨死

建保年间后半,幕府的政治课题是后继将军的问题。建保四年(1216),源实朝时年 25 岁。元久元年(1204)末迎娶御台所以来,已经过去了十二年。而自承元三年(1209)开始实施将军亲裁以来,也已经经过了七年的岁月。尽管如此,源实朝与御台所一直没有子嗣出生。而且,与其父源实朝、其兄赖家不同,源实朝始终没有纳妾,没有侧室。原因不明,或许与其性取向有关,这在男色关系十分常见的古代、中世社会也不是全无可能的。但源实朝的侧近中并不存在男色的对象。因此,也有可能是身体方面的原因。这种推测必须倍加谨慎,但源实朝本人似乎考虑过为何自己无法生育子嗣。

《吾妻镜》建保四年(1216)九月二十日条记载,大江广元在北条义时的授意下向源实朝进言,若期盼子孙兴旺,则应辞去权中纳言、近卫中将,以征夷大将军之身,及年高之时,可补任近卫大将。对此,源实朝如是回答:

> 谏诤之趣,尤虽甘心,源氏正统,缩此时毕。子孙敢不可相继之。然者饱带官职,欲举家名。

即因为源氏正统的血脉在此代断绝,无后继子孙,所以希望就任高官以举家名。大江广元听罢,只好默默退下。

这条记录一直是批判源实朝拘泥朝廷官职,全无武家政权之首姿态的依据。但是,武士将朝廷官职视为权力之源竞相希求也是事实。即便是东国武士的典型和田义盛也曾恳请源实朝举荐出任上总介,北条义时也获得了从四位下的位阶。显然这种批判并不中肯。原本,没有源实朝的举荐,御家人是无法获得朝廷官职的。即便是幕府首脑也是如此。大江广元劝谏源实朝辞去官职并不合乎情理。这条记录隐含着《吾妻镜》编纂者的某种意图,即以因果报应的命运解释身处高官高位的源实朝的横死。因此,并不能按照字面意思来理解大江广元的谏言与源实朝的回答。

然而,建保五年(1217)四月唐船入水的失败给将军亲裁留下污点已是不争的事实。或许正是以此为契机，源实朝想到了一个起死回生之策。这一构想大概自其认为自己无法生育子嗣时就已经开始酝酿了。具体来说，即请来亲王（后鸟羽的皇子）作为源实朝的后继将军之策。

朝幕交涉的开始

建保六年（1218）一月十五日，政所举行了关于北条政子赴熊野参拜（熊野诣）的审议，决议由其弟北条时房随行前往。北条时房有在京的经验，并且具有蹴鞠等京都文化的教养，因此时房同行显然是为了辅佐缺乏上京经验的政子。

然而，为何会在政务的中心机关政所审议北条政子的熊野诣呢？ 关于"尼二位"政子为参拜熊野而上京，《愚管抄》中有这样的记述：后鸟羽的乳母"卿二位"兼子，养育了源实朝御台所姐姐"西之御方"（坊门信清之女，坊门局）所生的赖仁亲王。据说，卿二位对这位赖仁亲王寄予厚望，"继位之心深重，不可行者，则令为将军"。从这样的记述来看，北条政子熊野诣的真正目的是为迎请后鸟羽皇子为源实朝的后继将军而上京交涉。但这样高级的政治交涉，成功与否难以预料。于是，原本难以出现在正面政治舞台上的女性北条政子，便利用熊野诣的名目，成为交涉的当事人。

二月四日,北条政子与时房出发赴京,在京期间,与卿二位兼子展开交涉。并且,约定六条宫雅成亲王与冷泉宫赖仁亲王中的一位,将作为源实朝的后继将军东下镰仓。也就是说,交涉成功了。另外,在北条政子离开镰仓六日后的二月十日,为向朝廷传达源实朝希望升任近卫大将的夙愿,大江广元作为使者上京。而且,两天后的二月十二日,为传递源实朝希望出任比其父源赖朝的右大将级别更高的左大将的意愿,幕府再次派出了使者。

值得关注的是,一月的审议在将军亲裁的据点政所举行。由此可见,亲王将军下向镰仓的方策源自将军源实朝的构想。但是,更加值得注意的是,北条政子、义时、时房以及大江广元等幕府首脑为实现这个目标与源实朝达成了一致,并付诸行动。北条政子过去以亲权为后盾代行将军权力,在和田义盛希望出任上总介的问题上曾公然反对源实朝,可以说是一位怠慢不得的母亲。正是这位母亲承担起了交涉当事人这一艰难任务。并且,由具有京都教养的时房辅佐其姐政子,大江广元也以传达源实朝希望升任比源赖朝职位更高的左近卫大将的诉求为名被派出。虽然不见北条义时的名字,但作为政所别当的他势必承担着统筹全局的责任。换言之,幕府在这件事情上实现了自上而下的统一。如果得到后鸟羽这一后盾,幕府的权威提升,朝幕间的合作关系进一步发展,最终必然会使御家人获得更多的利益,这在众人的心中是不言自明的。

"东国王权"的构想

　　源实朝同其尊崇的亡父一样重视王权,且已经意识到自己无法生育子嗣。对于这样的源实朝而言,拥立既是名亲又是政治、文化方面典范的后鸟羽的皇子为将军并予以辅佐,即通过将王权这一公家政权的传统权威引入新兴武家政权的方式,将幕府发展为东国王权的策略,也意味着巨大的利益。如果将军职让于亲王并在其后予以辅佐,源实朝就可以像后鸟羽让位、讴歌自由一样,在保持前将军权威的同时,从将军应履行的公务中解放出来,享受远游之类的自由。像其父源赖朝在举兵十年后上京与后白河、九条兼实会谈一样,源实朝上京与后鸟羽、顺德、御台所之兄坊门忠信等院近臣会面,畅聊和歌谈义,进一步发展朝幕间的友好关系,也不是全无可能。即所谓源实朝的"幕府内院政"。

　　实际上,在多年之后,四代将军九条赖经将将军职让于其子赖嗣后就以"大殿"的身份保持了隐然的势力。室町幕府的足利义满、义持也在辞去将军职、成为自由之身后,继续行使了强大的权力。可以说,源实朝的策略是可以成为这种做法的先例的。无论于公于私,的确都是挽回唐船入水失败污名的起死回生之策。

破格的官位晋升

交涉在"卿二位"兼子与"尼二位"政子两位女性间以非正式的形式进行,但兼子与政子传达的是后鸟羽与源实朝的意愿。交涉的成功意味着后鸟羽欣然接受了源实朝幕府的提案。因为这对于后鸟羽而言也是裨益良多。如前章所述,在全日本的缩略图《最胜四天王院障子和歌》的世界中,后鸟羽以帝王的身份君临其上。未来如果后鸟羽的子孙出任将军职,并由源实朝辅佐,那么幕府就将被置于后鸟羽的统治之下,而其在现实世界中君临全日本的帝王之路也将打开。

后鸟羽通过破格晋升北条政子、时房的方式进行了回应。尽管北条政子已经出家,但仍在建保六年(1218)四月十四日升叙从三位。女性在出家后的叙位通常仅限"准后"①,因此政子的晋升可以说是罕见的特例。后鸟羽传话准许其拜谒,但政子以"边鄙老尼"拜谒"龙颜"无益、不妥为由,匆忙返回了镰仓。即便如此,后鸟羽也没有因此不悦,同年十月十三日,政子再次升叙从二位。诚然是超常的速度、破格的待遇。同时,在政子返回镰仓后,在京的北条时房还获许携次子时村出席院的鞠会。时房连续三日展示蹴

---

① "准三后""准三宫"的简称,即享受相当于太皇太后、皇太后、太后所谓"三后"待遇的人。

鞠技巧,而后鸟羽则数次称赞其深谙此道。五月返回镰仓后,北条时房欣喜地向源实朝汇报了当时的感恩之情。

当然,源实朝也受到了后鸟羽的破格待遇,即超乎寻常的官位晋升。一月十三日时已经升至权大纳言即其亡父源赖朝的极官(生平所任最高官职)的源实朝,在三月六日升任超过源赖朝右近卫大将的左近卫大将,并兼任左马寮御监。六月二十七日,在鹤岗八幡宫举行了庆贺源实朝就任左大将的祭拜活动。并且,在十月九日升任内大臣,冲破大臣的屏障后,两个月后的十二月二日又升任右大臣,同月二十日,举行了作为大臣的"政所始"仪式。后鸟羽为了他的庆贺仪式,下赐槟榔叶装饰的槟榔毛牛车、九锡的雕弓等豪华的器具及装束,还令公卿、殿上人列席参加。这些昂贵、珍惜的物品不仅惊人耳目,而且使源实朝的权威进一步提升。于是,源实朝决定翌年建保七年(1219)一月二十七日在鹤岗八幡宫举行右大臣的拜贺仪式。

然而,源实朝异乎寻常的官位晋升却打破了早已在公家社会中形成定式的家格秩序,在震惊世人的同时,也引发了众人的不满。当然,由于后鸟羽的意向显而易见,因此并没有人公然地进行批判。但九条兼实的弟弟、出身高级家格摄关家的慈圆,在源实朝被暗杀后,就在《愚管抄》中对源实朝进行了批判,认为其愚蠢至极,全无武士之警惕之心,玷污了大臣、大将的名誉。

此外，"古活字本"还将源实朝的破格晋升称为后鸟羽对源实朝的"官打"。所谓官打，就是为了让人在出任自身无法承担的高官时遭遇灾难而实施的一种诅咒。但后鸟羽完全没有诅咒源实朝的理由和必要。这种说法不过是人们对其破格晋升的不满、嫉妒与源实朝横死后承久之乱爆发等各种因素联系在一起时形成的一种臆断而已。

公晓的立场

但是，也有人由衷地希望"官打"成真，即二代将军源赖家的遗孤、源实朝的侄子公晓。公晓出生于正治二年（1200），有力御家人三浦义村是他的乳母夫，但4岁时他的人生却遭遇了突变。建仁三年（1203），其父源赖家被驱逐，失去将军职，翌年在劝修寺被害。即便如此，元久二年（1205），时年6岁的公晓还是在北条政子的裁夺下成为鹤岗八幡宫别当尊晓的入室弟子，翌年，成为源实朝的犹子。建历元年（1211），在尊晓的次任别当定晓的主持下，12岁落发为僧侣，并上园城寺修行。在定晓死后，建保五年（1217）六月，公晓返回镰仓，成为鹤岗八幡宫的别当。

令人讶异的是，自同年十月十一日开始，公晓发愿千日闭门不出（参笼祈请），甚至不剃头发，日夜连续祈祷。这很有可能是诅咒源实朝的祈祷。而不剃发，或许是为在源实朝死后还俗继任将军而做的准备。

然而,建保六年(1218)源实朝的后继将军问题突然出现了新的发展。尽管公晓处于参笼之中,但仍能从其乳母夫三浦义村之子即弟子驹若丸(后来的三浦光村)等人处获知消息。如果亲王将军受拥戴,并由右大臣源实朝辅佐,那么自己的将军之路无异断绝。在此之前,只能先杀后快。何时动手呢?公晓身为鹤岗八幡宫的别当,神宫境内即是他的地盘,源实朝来到之时就是动手之机。穷途末路的公晓做这样的打算也不足为奇。

雪日的惨剧

建保七年(1219)一月二十七日,终于迎来了源实朝进行右大臣拜贺的日子。日间阳光明媚,但夜间却不可思议地忽降大雪,积雪深达六十多厘米。《愚管抄》《吾妻镜》《六代胜事记》《承久记》等史料都记录了这个雪日中发生的惨剧,其中,以恰好在场的公卿、殿上人的信息为基础,在大概两年后由慈圆记录的《愚管抄》最为可信。

据《愚管抄》记载,源实朝完成社殿奉币后由石阶走下,一手提着下袭(在正装束带下穿着的下摆很长的衬衣)的裙摆,一手持笏,边走边向坊门忠信、西园寺实氏、藤原国通、平光盛、难波宗长等与幕府关系密切的公卿额首示意。就在此时,头戴山伏头巾的法师突然奔出,踩住源实朝衣摆,大喊"斩杀父之仇敌"后,一刀就砍下了源实朝的首级。另

有三四人,将作为前驱(队列的引导者)手持火把的源实朝
侧近源仲章误认为北条义时,一并斩杀了。但受命"止步中
门"的北条义时本人,此时正手拿御剑候在中门,也正因此
躲过了此劫。在鸟居外的随兵们发觉的转瞬之间,惨剧就
发生了。

此后,公晓向三浦义村派出使者,转告其杀害了杀父仇
人源实朝的消息,宣称自己才是继任将军,并越过八幡宫北
面的大臣山赶往御所西门附近的义村宅邸。不过,三浦义
村随即上报北条义时,并派兵将公晓诛杀。这段记述可以
说非常地逼真。

而《吾妻镜》中则记述了各种各样的怪异现象。为何大
江广元泪流不止? 源实朝看着庭院中的梅花吟出了所谓
"此去不复归,化为无主宿。世事纵无常,轩端之梅勿忘春"
的禁忌之歌;八幡神的神使鸽子鸣声不断;源实朝走下牛车
时,剑突然折断;最为甚者,是北条义时因看到白犬的幻影
而身感不适,将手持御剑的职责交由源仲章代行,其本人则
返回小町的宅邸,故而捡回了一条命。

在北条得宗家(得宗是北条氏嫡流的家督)全盛期编纂
的《吾妻镜》,或是由于无法如实地将宗家始祖义时描绘成
被将军下令"止步中门"、在中门处守候的矮小形象,故而以
怪异现象混淆视听。

黑幕的探索

然而讽刺的是,正是基于这样的记述,出现了以幸免于难的北条义时为暗杀源实朝幕后黑手的黑幕说。但是,对于和源实朝一同推进后继将军计划的北条义时而言,不可能在当时采取前功尽弃的做法。因此,北条义时黑幕说并不成立。

另外,作家永井路子还提出了公晓乳母夫三浦义村的黑幕说。公晓的弟子驹若丸是义村的儿子,而义村本人在当日也没有出现。据此,永井路子认为,三浦义村计划由公晓暗杀源实朝、北条义时,自己则负责袭击北条氏的小町宅,决出"大胜负"。但是由于有所察觉的北条义时返回了小町宅,故三浦义村选择杀死公晓进行自保。这种猜想看似十分有趣,但以《吾妻镜》中关于北条义时的记述为论据却有所偏颇。首先,北条义时并没有返回小町宅;其次,当日不见三浦义村身影,应由于前年举行直衣始仪式时,三浦义村与长江明义发生争执,因此未被允许参加右大臣拜贺的仪式。更何况三浦义村在和田合战这一击败北条氏的绝佳时机选择了站在北条义时一方,很难想象其会在右大臣拜贺仪式上与北条氏决一胜负。换言之,三浦义村黑幕说也难以成立。只能认为这雪日的惨剧是陷入绝境的公晓采取的单独行动。

然而,一个年轻人的行凶行为却产生了改变历史的重大影响。镰仓幕府三代将军、右大臣源实朝,享年 28 岁,周岁 26 岁 5 个半月惨死,世人震惊。

第三章　乱前的历程

1　源实朝横死的冲击

将军空位的危机

　　建保七年（1219）一月二十七日源实朝的横死造成了极大的冲击。幕府内部出人意料的悲痛、愤怒及动摇快速扩散开来。二十八日清晨，为报告源实朝横死的消息，镰仓向京都派出了行程仅需五日的急使。以御台所为首，大江亲广、安达景盛、二阶堂行村等百余名御家人出家。戌时（晚上 8 点左右），源实朝的遗骸被葬于胜长寿院。二十九日，开始搜查共犯。然而，被认定有罪的仅有几人。这也说明公晓是单独行凶。

对于北条政子、义时、大江广元等幕府首脑而言，将军位突然出现空缺也是出乎预料的危机。源实朝在和田合战后被公认为手握重权的将军，同时还在后鸟羽朝廷的支持下升任右大臣、左近卫大将等高官，超过了源赖朝的极官，也超乎了武家的想象。随着源实朝的横死，这些全部消失，因此幕府向心力的下降是不可避免的。正如公晓为成为将军而行凶一样，具有源氏血统的人都有为获取将军的地位而举起反旗，使幕府陷入混乱的危险性。

果然，这种担忧成了现实。二月十一日，源实朝的叔父阿野全成之子时元率领军队在骏河国阿野郡山中修建城郭，意图获赐宣旨、支配东国。不过，在十五日急报送达镰仓后，已故将军的生母北条政子便迅速做出反应，命令北条义时派遣御家人出征骏河。二十二日，事件以时元自杀告终。并且，为了防止类似的谋反再次发生，三月二十七日，已在骏河实相寺出家为僧的时元兄弟道晓被迫自尽；翌年承久二年（1220）四月十五日，三浦义村之弟胤义所抚养的赖家遗孤禅晓因具有与公晓同谋的嫌疑，在京都被杀害。

幕府首脑层一方面通过肃清源氏一族防止向心力下降，一方面倾力落实解决将军空位这一异常事态的对策，实现去年以来与源实朝一同推进的后继将军策，即迎后鸟羽的亲王至镰仓并拥戴为将军。建保七年（1219）二月九日，将源实朝横死的消息送至京都的使者返回镰仓,并报告了京中的震惊与动摇。北条政子在四天后的十三日再次向京都派出使者,申请雅成亲王或赖仁亲王东下镰仓。为表达幕府上下的全体意愿,政所别当之一的二阶堂行光作为使者,携众元老御家人联合署名的奏状亲赴京都。并且,为加强京都警备,分别在十四日清晨及二十九日派遣伊贺光季、大江亲广上京。可见,为应对源实朝死后的危机,幕府可谓煞费苦心。

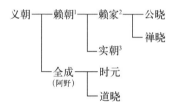

河内源氏略谱②
(数字代表将军就任的顺序)

后鸟羽的内心

　　建保七年(1219)一月二十八日一早离开镰仓的使者,仅用时五日,就在二月二日未时(午后 2 点左右)进入了京都。突如其来的噩耗令人们倍感震惊。后鸟羽尽管身在水无濑殿,但大纳言西园寺公经在收到身在镰仓的长子实氏的急报后,便立刻赶往水无濑殿,将源实朝横死的消息上奏了后鸟羽。六日,后鸟羽回宫后,在院御所高阳院殿举行了五坛法、仁王经法、七佛药师法等法事,祈祷国土安泰、玉体安宁,并对躁动不安的武士发出了禁制令以稳定局面。

后鸟羽作为治天之君下达了适当的命令,但其内心却未必平静如常。想必震惊、愤怒、沮丧、悲叹等各种情绪在其内心引起了巨大的波澜。从水无濑回宫的二月六日当天,后鸟羽就将所有为源实朝祈祷的阴阳师免职。在过去主张"官打""关东调伏"的"古活字本"记述中,免职被指是为了消除诅咒幕府的证据。但事实上,后鸟羽命阴阳师为其支持的"右大臣"源实朝祈福,结果源实朝却死于非命,因此,免职不过是后鸟羽将愤怒的矛头指向阴阳师的结果。

另外,翌月闰二月十六日,据《门叶记》(青莲院门迹尊圆入道亲王编纂的青莲院记录大成)记载,后鸟羽的身体十分罕见地出现不适,命慈圆修大炽盛光法。修法似有效果,在一周后二十三日的结愿日,也就是御幸水无濑殿前,后鸟羽的身体就康复了。不过,八月十六日,后鸟羽再次抱恙,并卧床一月有余。由《门叶记》《仁和寺日次记》《普贤延命法御修法记》等各种记录可知,期间,因"一院御恼""上皇御不予"(御恼、御不予即生病),举行了普贤延命法、五坛法、孔雀经法、炽盛光法等各种修法。这对于身躯健壮、精神坚韧的后鸟羽来说,是十分罕见的。后文将提及的大内里大火或许是最直接、最具决定意义的一次打击,不过这也是源实朝横死以后逐步累积的压力达到极限的结果吧。

朝幕的交涉

　　压力一方面源自围绕亲王东下镰仓问题与幕府展开的交涉。幕府以二阶堂行光为使者提出的申请,在闰二月一日呈交后鸟羽,并在院御所进行了审议。闰二月四日,后鸟羽给出结论:必定令二位亲王中一人下向镰仓,但需等待时机,而非立刻。十二日,接到二阶堂行光使者报告的北条政子,十四日再次向京都派出使者,指示二阶堂行光伺机向后鸟羽上奏,请求尽快令亲王下向镰仓。

　　前一年北条政子作为使者向后鸟羽传达源实朝的意向时,后鸟羽欣然同意令亲王下向。虽然这一次的使者并非北条政子本人,但所传达的仍是北条政子的指示,更重要的还是幕府上下全体的意愿。尽管如此,后鸟羽还是改变了态度。所谓有意令亲王下向但并非现在的答复,等同于没有答复。故意不做明确表达,而让人揣度其真意。《愚管抄》中后鸟羽如是说:"未来,此日本国一分为二者,万不可为。"即便是由乳母卿二位兼子养育,并出现在其与北条政子协议中的赖仁亲王也不行。由此,可以读出后鸟羽对幕府未能守护其信赖的源实朝的愤怒,以及对源实朝死后幕府的不信任。但是,幕府也不能就此作罢。

　　然而,无论是后鸟羽与幕府的交涉,还是源实朝被杀这一意外事件大概都是必然发生的。即便是科学发达的现在，也无法预知未来会发生什么。突然发生预料之外的事情时，人们往往会依据理性的判断或带有主观愿望的观察，从若干个可能性中选出一个进行决断。并且，若干年后，当下的未来变成现在，现在变成过去、历史时，人们常常会设想如果没有发生那件超乎预料的事，或是做出了具有其他可能性的选择、决断的话，会当如何？只有通过这样的思考，才能明确地认识现在的意义与价值。

打个比方，在体育项目的赛场上，出现突发状况时，教练会根据新的战局调整战术，做出决断。背后调查获得的情报有时也会提供参考。在此基础之上，教练会对主力选手下达指示，而选手则立刻对如何采取行动做出判断并付诸实际。在这个时间点上，参赛的当事人们都无法预测赛事的胜败。但胜负自会分晓。比赛后，胜者分析胜因，败者分析败因，往往会认为如果在那种状况下没有做出或是做出了那样的选择、决断，胜负或许会发生逆转。对从诸多可能性中选择的、做出的唯一决断的意义与价值进行分析，并在下次比赛中加以运用。

当然，体育与历史不同。但是，对于生活在 800 年前的人们来说，800 年前的当时就是现在。在这个意义上，当时的人们与参加赛事的选手无异。而对于 800 年后的我们来说，无论是出乎预料的事件还是事件的结果，都已见分晓。

并且，我们处于可以分析胜因、败因，思考其意义与价值的立场。如果是这样的话，作者认为不应该预设其为命运使然的必然结果，并全无反思地对其进行理解，而是应该对意外事件以及最终被选择的唯一决断的真正意义、价值进行分析，并探明其重要性。

后鸟羽的抉择

建保六年(1218)，后鸟羽与幕府二者做出了亲王下向镰仓，在源实朝之后出任将军，并由右大臣源实朝予以辅佐的选择与决断。如果源实朝没有横死，就将诞生亲王将军，而朝幕间的协作关系也将持续。未来即便二者间出现对立，大概也会通过"软着陆"的方法和缓地解决，而不会以800年后我们所熟知的"承久之乱"式的"硬着陆"方式进行终结。然而，却发生了公晓暗杀源实朝这一出乎意料的事件。无论是后鸟羽还是幕府，在无法预知的未来面前，都必须做出一个新的选择，一个也许会改变历史的艰难选择。一个年轻人的行凶事件竟然造成了如此重大的影响。

为做出新的抉择，后鸟羽首先采取了行动。如前所述，后鸟羽在亲王下向的请求面前选择了无效回答的权宜之策。并且，以吊唁使者的名目将院近臣的上北面武士(北面武士中具有四位或五位位阶的武士)、内藏头藤原忠纲遣至镰仓。《吾妻镜》建保七年(1219)三月九日条记载，藤原忠纲在"禅定二品"北条政子宅邸转达了后鸟羽的哀悼之情后,赴"右京兆"北条义时宅邸,传达了要求撤销"摄津国长江、仓桥"两庄园地头职的院宣。

长江庄、仓桥(椋桥)庄是位于摄津国丰岛郡神崎川与猪名川交汇处附近的庄园。"慈光寺本"记载,后鸟羽将"长江庄三百余町"赐予了"宠爱无双"的"舞女""龟菊(伊贺局)"。神崎川流域有江口、神崎两个游女的宿驿,后鸟羽行幸水无濑殿时,就是从那里召来游女,享乐今样、郢曲等。龟菊即是其中最受宠爱的游女。另外,仓桥庄是院近臣尊长(后出一条能保之子,高能、信能、实雅等为其兄)遗领目录中所谓"摄津国头陀寺领,号椋桥庄"的庄园。

值得注意的是,这两个庄园有着共同的地理特点,即顺流而下通向大阪湾、濑户内海,逆流而上则通向水无濑、鸟羽、都城,地处海运、水运的要塞位置。后鸟羽施加压力,要求幕府放弃置于此交通要塞地之上的地头职。这也是验证源实朝死后幕府是否会屈从压力接受后鸟羽的指示,以及后鸟羽能否将幕府置于控制之下的试金石。如何选择全然听凭幕府。

幕府的选择

三月十一日,幕府首脑层委托返京的藤原忠纲向后鸟羽转达随后答复之意。从次日开始,北条政子、义时、时房、泰时、大江广元等幕府首脑便在政子宅邸多次进行磋商。这涉及幕府与后鸟羽的朝廷建立怎样的关系，是决定幕府与朝廷关系方向性的一次艰难选择。为安定幕府内部局势，拥立亲王将军是最佳的选择。因此，为优先实现亲王下向，或许应接受后鸟羽的要求，选择做出让步。但是，后鸟羽貌似会改变主意。即便做出让步，也无法保证后鸟羽的态度会发生改变。而且未来后鸟羽也许还会提出更加苛刻的要求。幕府的首脑们为此设想了各种可能性，并展开了激烈的讨论。最终，制定了强硬的对策：以北条时房为政子使者，率千骑兵力上京，拒绝撤销地头职，在此基础上，向后鸟羽请求尽快令亲王下向镰仓。

北条时房在去年上京时，因在院御所举行的鞠会上展露蹴鞠技巧受到后鸟羽的称赞，给后鸟羽留下了不错的印象。因此不必担心其被轻视或敌视。而且，北条时房是政子、义时的弟弟，还是政所别当，是准确传达幕府首脑层主张、担任交涉之职的最合适人选。于是，三月十五日，北条时房率千骑兵力离开镰仓，挺进京都。面对与去年截然不同、耀武扬威的北条时房，后鸟羽惊愕异常。并且，对于幕府不仅没有曲于压力，反而亮出武力对后鸟羽施压的做法必然大为失望。不过，后鸟羽也没有改变态度，仍然拒绝亲王下向。双方最初的较量似乎未分胜负。

2 从妥协到敌对

摄家将军的选择

建保七年(1219)四月十二日,朝廷更改年号,是为承久元年。但是,《吾妻镜》中没有同年四月一日至七月十八日的记录。无从判断这是单纯的缺失,还是故意未进行编纂。总而言之,为了解这段时间的动向只能利用其他的史料。

《愚管抄》记载,后鸟羽尽管以亲王下向会导致国家分裂为由否决了原先的协议,却称"如是关白、摄政的子嗣则会如幕府所请予以许可"。可以说这是最大可能的让步了。得知这一消息后,三浦义村提议或迎请摄关家九条道家10岁的长子教实下向镰仓,或"迎源赖朝妹妹的孙女所生子嗣(教实的同母弟弟)至镰仓,予以抚养并拥立为将军,守卫君主(后鸟羽)"。交涉的结果是,令"由祖父大纳言西园寺公经养育的、九条道家的2岁幼子"下向。至此,双方的交涉基本告一段落,后鸟羽与幕府间达成了妥协。"寅月寅岁寅时出生"的"三寅"即是后来的摄家将军藤原赖经。

在朝廷与幕府达成妥协的过程中发挥重要影响的,是三寅的外祖父西园寺公经。西园寺公经出身闲院流藤原氏,以待贤门院璋子之兄通季为开祖。另外,通季的兄弟中,实行是三条家、实能是德大寺家的开祖。通季的曾孙公经迎娶一条能保之女全子,与幕府建立了密切的关系。受正治元年(1199)二月发生的三左卫门事件(一条家家臣中原政经、后藤基清、小野义成袭击源通亲未遂事件)影响,公经曾一度幽居家中,但除此之外,公经的晋升之路可以说十分顺遂。

　　不过,建保五年(1217)十一月,西园寺公经再次遭遇了幽居的困境。在与卿二位的丈夫、前太政大臣大炊御门(藤

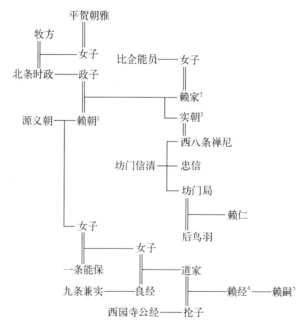

镰仓将军家的姻亲关系
(数字代表将军就任的顺序)

原)赖实(因平治之乱下台、后得以复归的藤原经宗长子)之弟,后成为赖实养子的大纳言师经争夺右大将之位落败,错失任官机会后,西园寺公经误以为后鸟羽出尔反尔,因此不服输地说出了"我与源实朝有亲缘关系(正室全子是源实朝的表妹),东下镰仓也可以勉强度日"。这番被认为是西园寺公经打算向源实朝控诉的话,无意间被后鸟羽得知,结果后鸟羽勃然大怒。翌年二月,在源实朝的多番求情下,西园寺公经总算被赦。可见,虽然西园寺公经拥有幕府这一后盾支持,但他在朝廷中的地位也因此大起大落。

三寅与尼将军

由其养育的三寅下向关东,就任将军,可以说正中西园寺公经下怀。因此,西园寺公经比其父九条道家更加积极。《吾妻镜》一度中断的记录从七月十九日开始恢复,根据同日记录,六月三日获得下向宣旨后,经过一系列的手续,六月二十五日,三寅与北条时房、泰时、三浦义村等负责迎接的武士一同从六波罗出发。京都方面的随行者共有十人,包括殿上人"伊予少将实雅朝臣",诸大夫"甲斐右马助宗保""善式部大夫光衡""藤右马助行光",家臣"藤左卫门光经""主殿左卫门尉行兼""四郎左卫门尉友景"以及医师、阴阳师、护持僧各一人。殿上人实雅是一条能保之子、公经的犹子,诸大夫中的光衡是西园寺家家司三善长衡之子,家臣中原友景是西园寺家家臣，其他人也都或多或少与西园寺家有所关联。显而易见，朝廷方面支持三寅的是西园寺公经。

　　三寅历时三周多时间于七月十九日午时（正午左右）抵达镰仓，进入"右京权大夫"北条义时的"大仓亭"。酉时（下午 6 点左右）举行"政所始"仪式，此后便由"二品禅尼"北条政子代替年幼若君"于帘中听断理非"。这就是尼将军的登场。毋庸置疑，对于幕府首脑层而言，最理想的是拥戴最为尊贵的王家亲王为将军。不过，拥戴出身仅次于王家的摄家幼子为未来将军，在尼将军政子的主持下，以北条义时为首的幕府首脑层既可以保持向心力，又能够自如地运营幕政。这是退而求其次的最佳良策。可以说，幕府在与后鸟羽的博弈中领先了一步。

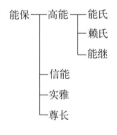

一条家略谱

大内里火灾

另一方面,后鸟羽所在的京都发生了骇人听闻的事件。象征王权的大内里(大内)殿舍、诸门、宝物等全部毁于火灾。综合《愚管抄》《吾妻镜》《仁和寺日次记》《六代胜事记》《百炼抄》等史料来看,事件的经过大致是这样的。

源三位赖政之孙右马权头源赖茂,在源实朝横死后,自诩出自世代出任大内守护的摄津源氏名门,且在源实朝实施强化将军亲裁政策过程中就任政所别当之职,企望“我为将军”。但是,由于朝幕之间达成了以三寅为后继将军的协议,因此赖茂“尽管侍奉于大内里,但心生谋反之意”。“在京武士们上诉后鸟羽”,但赖茂不应召唤,于是后鸟羽便发出了追讨院宣。

七月十三日,在京武士们纷纷奔赴大内里,对占据“昭阳舍”的赖茂发起攻势。赖茂关闭诸门,仅打开承明门应战。一番激战后,赖茂最终被围困于仁寿殿,放火自焚。火势不仅烧毁了仁寿殿,还蔓延至宜阳殿、校书殿,将仓库所藏“观音像、应神天皇御舆”以及大尝会、御即位式使用的装束、灵物等累代宝物悉数烧毁。大内里殿舍毁于战火是前所未闻的。对于始终致力于成为正统帝王的后鸟羽而言,王权的象征被烧毁定然痛心疾首。源实朝横死以来,与幕府的交涉等造成、积累的压力不断侵蚀着后鸟羽强健的身体与坚韧的精神。而这次火灾无疑是致命的一击,结果,如前节所述,从八月中旬开始,后鸟羽便患病卧床,持续一月有余。

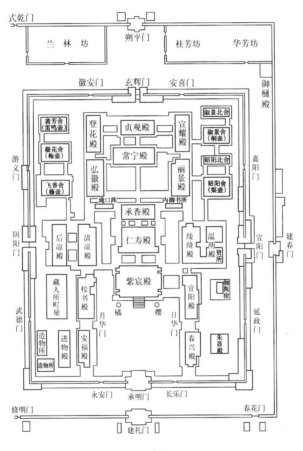

内里

赖茂谋反事件的本质

另外,《愚管抄》中提及了作为要求幕府取缔地头使者而获提拔的院近臣藤原忠纲的"僻事"。后鸟羽有意以忠纲养育的九条道家异母弟基家为养子,并扶持其为将军。结果,后鸟羽的这一计划被忠纲泄露给了赖茂。如此不可靠之人,在事件后,被后鸟羽处以解除官职、没收领地的惩罚。

但是,赖茂的谋反事件并非起于忠纲这样小人物的暗中活动。也有观点认为后鸟羽曾考虑以赖茂为源实朝的后继,讨伐赖茂实为将其灭口,但这种观点缺乏确凿的依据。事件的本质,正如目崎德卫所指,是幕府自创立以来便多次上演的幕府内部权力斗争,特别是围绕将军地位产生的内部纷争。此处无暇细致展开,如曾我兄弟复仇事件后源赖朝肃清其弟范赖及源氏一门的安田义定、义资父子,北条时政、牧方夫妇拥立平贺朝雅为将军的未遂事件(牧氏事件),公晓暗杀源实朝,阿野时元意图成为源实朝后继者而发起的谋反等,都是幕府内围绕将军之位发生的权力纷争。

幕府内部的权力斗争还被带到了京都。后鸟羽既然认可了三寅的后继将军地位,那么当赖茂意图推翻这一决定时,便只能发出追讨院宣。结果,在京御家人、西面众等在京武士依院宣采取军事活动,竟然造成了火烧大内里的后果。

在京武士的军事行动

另外，长村祥知曾对在京武士进行详细的论述。长村祥知认为，后鸟羽将"把武力基础分配给在京御家人并推荐在京奉公的镰仓幕府"作为必须要素纳入自身的权力体系，以"公权力"对"包括京武者与在京御家人双方在内的在京武士"进行了动员。原本在京御家人即具有同时从属于幕府与朝廷的双重性格，也可以依据院宣采取军事行动。而关于西面武士，长村祥知认为那是后鸟羽全新组织、培育的武装，是"将不同于有力在京御家人的个别弱势武士进行整编而成的部队"，而后在京御家人也逐步被纳入西面武士的组织。并且，联系元久二年（1205）闰七月的牧氏事件，长村祥知还认为在京御家人受"关东之命"追讨平贺朝雅或许是后鸟羽考虑培育西面武士的契机。

赖茂谋反之际，在京武士们应后鸟羽院宣对其进行征讨。尽管这次事件是幕府的内斗，而且还是事关将军职的重大事件，但追讨的军事行动却并非受自"关东之命"。从告发到发出召唤命令、院宣等一系列手续来看，应该没有足够充裕的时间向幕府请示。当然，也有一些特殊情况发生，伊贺光季的使者七月二十五日抵达镰仓后报告称，由于三寅当时正在下向途中，因此京都方面推迟了派出信使的时间。不过，与追讨平贺朝雅时不同的是，这次是在京武士们依据自身的判断向后鸟羽进行告发并依院宣采取了军事行动。换言之,在京御家人们采取了无关镰仓幕府首脑层的自主行动,与后鸟羽的公权力结合在了一起。

在此之前,后鸟羽也曾向在京御家人下达过军事行动的命令。大抵是为了应对寺社强诉或维护京中治安。但是,此次在京御家人的自主军事行动却让后鸟羽自信倍增,令他以为将在京御家人与镰仓隔绝,煽动幕府的内部对立并为其所用,并非难事。

敌对的契机

然而,在京武士的军事行动导致大内里被烧毁,却令后鸟羽遭受重大打击,乃至卧床不起一月有余。建历、建保年间(1211—1219),后鸟羽举行习礼、公事竖义等,积极复兴朝廷政治,但也正是因此,当王权的象征被烧毁时反而造成了更大的冲击。想必卧于病榻之上的后鸟羽也不禁思考为何事态会发展至此,大概十分后悔应在京武士之请发出了追讨赖茂的命令吧。

但是,归根到底,在追讨赖茂方面具有不可推卸责任的,是放任源实朝暗杀事件发生,又围绕将军职问题发生内乱的幕府。尽管已经做出了以摄关家子嗣为后继将军的妥协,但幕府的权力斗争仍然波及了京都。在后鸟羽百般思虑的过程中,其对源实朝死后失去控制的幕府的敌意日益加深。

　　承久元年(1219)八月至九月期间,以大内里烧毁为契机,后鸟羽对幕府的态度发生重大转向,由妥协转为敌对。并且,埋下了引发承久之乱的危险导火索。但是,还不能马上点燃导火索,因为后鸟羽还有必须优先去做的事情,即重建大内里。

3　承久大内里的修建

为重建而振作

　　《愚管抄》记载,"关于此次修建大内里,后鸟羽特令修造。白河、鸟羽两代大略放置",慈圆继而称"此事不审",表达了对为何特意修建大内里倍感不解的感想。换个角度来看,足以想见后鸟羽对象征王权的大内里的重视程度,甚至令世人不解。

　　果然,火灾后三周,后鸟羽就启动了再建的工程。承久元年(1219)八月四日,举行临时的任官仪式,身为下北面武士(北面武士中具有六位位阶者)却作为院近臣备受后鸟羽厚遇,并且从文武两面对后鸟羽进行辅佐的藤原秀康,被委以北陆道、山阳道诸国国务的重任。平冈丰认为,后鸟羽此次对国守(朝廷地方长官国司的一等官)进行调整,是为了令藤原秀康负责修建大内里而实施的人事变动。"慈光寺本"中也有相关场面的描述,所谓"大极殿修造之际,山阳道安艺国、周防国,山阴道但马国、丹后国,北陆道越后国、加贺国,此六国之税收用于修建费用。其中四国由按察使藤原光亲、秀康执行国务,但越后、加贺两国的坂东地头却不肯从命"。换言之,藤原秀康同院近臣、前权中纳言正二位公卿、按察使(中纳言以上贵族兼任的官职之一)藤原光亲一起,因修建大内里获得了执掌国务的机会。其后,虽然八月中旬时后鸟羽因病卧床,但在九月七日、二十二日、十月二日、十三日,朝廷连续多次举行临时的任官仪式。其中,也涉及了与修建大内里有关的人事异动。

另外,根据题为《承久元年最胜四天王院御幸和歌》的歌书记载,后鸟羽于承久元年(1219)十月十日在最胜四天王院举行了名所和歌会。《最胜四天王院障子和歌》的世界是日本全境的缩略图,对于康复后的后鸟羽而言,这种做法显然十分符合他的风格。不过,这本歌书被指是后世创作的伪书。根据之一就是《百炼抄》承久元年(1219)七月十九日条中所谓"最胜四天王院,自白川渡五辻殿事",即七月中旬最胜四天王院被拆除、改建的记录。结合"古活字本"中"关东调伏之堂"的表述,通常认为这一举措的目的在于销毁诅咒的证据。但是,很难想象象征着后鸟羽君临全日本的建筑如此轻易地被拆除。另外,《百炼抄》翌年承久二年(1220)十月十八日条中还记录了所谓"今日,最胜四天王院上栋"的内容。从动工到上梁通常需要 2—3 个月时间。如果工程始于"承久二年"七月十九日,那么便不难理解了。换言之,最胜四天王院的拆除、改建工程应该是实施于承久二年(1220)七月至十月期间。

```
                            ┌─秀康
秀乡… (七代略) …秀忠═══秀宗─┼─秀能═══能茂
                            └─秀澄
```

藤原秀康关系系谱

"造内里行事所"的成立

那么,再建大内里是如何推进的呢? 据大村拓生考证,相关文书多数都是藤原经光日记《民经记》的纸背文书(背面被作为记录日记的纸张使用,故得以留存的文书)。其中大半是写给负责实务的行事弁右中弁藤原赖资(经光父)的上申文书、证明免除课役特权的证明文件及相关人员间的联络文书。据大村拓生统计,文书总数 126 份。不过,这其中包含了仅能推测关联性却无法断定的文书,而可以明确断定为相关文书的,包括《镰仓遗文》未收录的 14 份,共有五十余份。

其中,一份日期为承久二年(1220)四月二十一日的"典药寮地黄御园供御人等解"(《镰仓遗文》2599 号。以下行文仅标记《镰仓遗文》所载文书的号码）文书中，记录着"去年十月，携院宣，宣下"的内容，可见承久元年（1219）十月曾下发院宣。另外，尽管数量有限，除《民经记》纸背文书外，还有其他的相关史料。例如，《东大寺文书》的"东大寺出纳文书目录"（2615号）。这份文书中也出现了因"造内里役"于"十月十六日"取出文书并提交政所房的记录。换言之，后鸟羽从八月开始对诸国国务的人事进行调整，十月发出院宣，亲自下达了再建大内里的命令。

另外，同十月，后鸟羽陪同其母七条院殖子进行了第27次熊野诣。十六日离京的后鸟羽在熟悉的旅途以及森严的宗教空间中享乐、放松，身心都得到了治愈。这趟旅程通常需要3—4周时间，考虑到其高龄的母亲同行，大概需要4周以上的时间。因此，后鸟羽返回京都时大概已经是十一月中旬过后了。

后鸟羽返回京都后不久，在《百炼抄》承久元年（1219）十一月十九日条中，出现了"诸道，当梁年，堪申造内里事"的记录，即因时逢忌上梁、立柱的"梁年"，围绕是否应推迟"造内里"的问题进行了商讨。如此大工程的吉凶是备受关注的事情。一个月后的十二月十八日，阴阳寮呈上了所谓"不惮宫室造营之由"的报告，于是后鸟羽便名正言顺地正式开始推进再建工程。并且，在翌年承久二年（1220）一月二十二日举行的任官仪式上，以藤原公赖出任参议，兼任行事参议。翌日,前述藤原赖资出任右中弁,兼任行事弁。此外,加上院近臣藤原光亲之子右少弁藤原光俊,"造内里行事所"正式成立。

国家的大工程

为筹集再建大内里所需的巨额费用,再建内里被指定为"敕事院事"(敕院事),即国家事业,采取了以造内里役之名向庄园、公领(国衙领。国衙是国司办公的官厅)征收一国平均役(以国为单位一律征收临时租税、课役)的课税方式。这种方式是继承了保元之乱后修建大内里时信西所用之法。由《民经记》的纸背文书及"慈光寺本"可知,缴纳造内里役的诸国包括五畿内、伊贺、伊势、远江、上总、下总、近江、美浓、信浓、下野、越后、加贺、淡路、丹波、丹后、但马、伯耆、备后、安艺、周防、壹岐、筑前、肥前。诚然是波及五畿七道的国家大工程。

关于造内里役的征收,据小山田义夫考证,在造内里行事所的统辖之下,国衙根据土地面积制成赋课配额书"切符"(配符),以此为基础,公领由国司直接征收,庄园则通过领家(庄园领主)进行征收。以摄津国田尻庄为例,文书日期为承久二年(1220)五月十一日的"宫内大辅某书状"(2607 号)中记录了如下内容:"造内里用途,田尻庄之切符一枚,谨以给预候毕。早可下知候(作为修建内里的费用,谨受田尻庄配额切符一张。即日下达旨令）。"可见，造内里的费用是以切符为准进行征收的。不过，该文书后续的内容中也提及"于田数者，多以减候毕。难如切符济候（可耕作的土地面积大幅减少，恐难如切符所定进行缴纳）"，即申诉因田地面积减少而出现的穷困状况。

另外，在淡路国国司"淡路守藤原亲俊"于同年三月十日发出的书状（2583 号）中记录了如下内容："于去年损亡条，一国一同之事候。然言事始，言上栋之日数，有限事候间，庄公皆不可遁其役候。随今月中半分所济无者，被下遣官使，可致水火之责之由，被载院宣之状候（去年一国田地皆因灾减收，然开工、上梁为重大工程，故无论庄园、公领，皆不可免除造内里役。三月中若课役未及半数，则遣官吏严加催促，院宣如是曰）。"三月，是缴纳年贡公事的时间。可见，尽管淡路国前一年粮食歉收，但院宣仍然下令对为数不多的收成尽量征收。在现代，3 月也是报税的时间，无论是现在还是过去，对庶民来说都是十分艰难的时期。不过，或许是催缴的院宣发挥了作用，据《玉蕊》记载，承久二年（1220）三月二十二日，"木作始"①即前文淡路守藤原亲俊书状中提及的建造"事始"得以顺利进行。

---

① 日本古代的建筑施工流程基本上由"事始"、"木作始"（"手斧始"）、"立柱"、"上栋"等环节组成。

抵抗的暴风骤雨

　　但是，这也引起了激烈的反抗。前文提及，摄津国田尻庄申诉因田数减少而无法按切符规定如数上交赋税。除此之外，各地还出现了以诸如具有免税特权、因承担其他的重要课役而难以执行、地头不服从领家命令等各种理由拒绝缴纳造内里役的情况。造内里役是"敕事院事"，其赋课即等同于国家的大规模增税。因此，遭遇这样的抵抗也是理所当然的。

　　即便在现代，当国家增税时，也会特别设定免税对象。同样，当时的朝廷也制定了免税的基准。"四神领"即向伊势、石清水、贺茂、熊野四大神社缴纳供御①的庄园，"三代御起请之地"即白河、鸟羽、后白河三代时期获得敕院事免税特权的土地，"保元之免除证文"即保元年间修建内里时获得免税证明的土地，就是此次赋课的免除对象。不过，此外，通过卿二位、尊长等与后鸟羽关系亲近的权贵的说情，北野社、延历寺、圆胜寺、最胜四天王院等畿内近国中有势力的寺社也重新获得了免税特权。相反，既无免税证明又无权贵门路的，则不被认可享有免税权，结果，在多数这样的土地上，无关国司、领家与地头的区别，都刮起了拒缴造

———————

① 天皇、皇后等皇室的饮食。

内里役的风暴。

尽管如此，根据《百炼抄》承久二年(1220)十月十八日条"大内殿舍、门、廊等，立柱上栋云云。仍权大纳言通具卿、参议公赖卿、右中弁赖资朝臣、右少弁光俊以下，着行事所云云"的记载可知，十月十八日工程已经进展到了殿舍、门、廊等立柱上梁的阶段。另外，据《玉蕊》十一月二十日条记载，后鸟羽命九条道家题写额文，询问了殿舍铺设桧皮的尺寸。并且，由"上总介藤原清国书状"(2676号)、《仁和寺日次记》可知，十二月八日举行了铺设桧皮"桧皮葺始"仪式。此外，《公卿补任》藤原公赖的注释中记有"十二月十八日辞退"，即公赖在此日辞去参议之职。由此可以推断，造内里行事所在承久二年(1220)十二月中解散。此后，关于修建内里的记录便在史料中绝迹。

史无前例的建造工程

在全国各地刮起的抵抗之风中，大内里的再建工程在承久二年(1220)十二月竣工。与保元二年(1157)的大内里以及建历二年(1212)的闲院内里工程相比，承久年间的大内里建造可以说十分特殊。

保元年间修建大内里时，保元二年(1157)二月十八日发布宣旨后开工，一月有余后的三月二十六日举行上梁仪式，上卿、参议、弁齐聚出席。其后，工程进展顺利，六个半月后的十月三日,右大臣近卫基实率众人视察竣工的大内、八省与大极殿。五日,举行造内里临时仁王会。八日,后白河天皇迁幸新造大内里。从开工至此,共花费七个半月时间。二十二日,举行了劝赏(论功行赏)仪式。

修建闲院内里时,建历二年(1212)七月二十七日动工,藤原光亲、藤原家宣分别出任上卿、弁。建历二年(1212)十一月十三日,朝廷举行了顺德天皇的大尝会。大尝会是天皇一世一代的重大仪式。在筹备大尝会的繁忙之中,虽然只是里内里①,但从动工到十二月二日上梁也花费了四个多月时间。翌年建历三年(建保元年)二月二十六日,内大臣九条道家视察竣工的新内里,翌日,顺德迁幸。从动工算起,至此正好七个月时间。同日,论功行赏,藤原光亲及协助修建的将军源实朝等都获得了封赏。然而,从上梁到竣工仅用了两个多月的时间,不足保元工程的一半。结果,新建内里与设计图出入甚多,竣工后仍进行了多处改造。

与之相比,承久的大内里再建工程,从后鸟羽承久元年(1219)十月发出院宣开始,至承久二年(1220)一月下旬设置造内里行事所,历时三个月。到三月二十二日举行"木作始",又花了两个月的时间。时至十月十八日立柱、上梁,距发布院宣已经过去了一年之久。与发出院宣至上梁仅用一

---

① 大内里由内里(皇宫)与各官厅组成,而里内里指内里之外的临时皇居。

个多月时间的保元工程相比，推进的速度异常缓慢。但是，从上梁到造内里行事所解散，仅用了约两个月。保元之际，从上梁到完工花费了六个半月。即便是满是缺陷的闲院内里竣工也花费了两个多月时间。换句话说，比前两次的用时都要短。而且，这次还没有大臣视察新造内里、天皇迁幸的记录。大费周章建成的殿舍，举行盛大的迁幸仪式亦属正常，但史料中却没有相关的记录。另外，以藤原光亲、秀康为首的上卿、行事参议、行事弁等参与建造工程的一众人也没有获得封赏。简直是不同寻常的建造工程。

宏大的浪费

说起来，从设置造内里行事所的数月前开始，后鸟羽便通过多次举行临时的任官仪式为建造内里调整人事，并下发院宣开始征收造内里役。这也是有违先例的。可以说是后鸟羽希望尽快再建大内里且必须再建、必然成功的强烈意志将后鸟羽不断向前推进。

然而，阴阳寮占卜、预测建设施工的吉凶花了一个月的时间。此外，大村拓生指出，上卿通具赴远方参拜，行事弁赖资十月二十六日至十二月十三日赴熊野参拜，这些工程的负责人们对施工建设并不十分积极。并且，修建闲院内里时有源实朝幕府的协力，而这次则没有。正如《愚管抄》"此大内造营事，殊有御沙汰，可有造营"、"此事不审"所言，在重建王权象征这件事上，与倾注十分热情的后鸟羽相比，周围人显然非常冷淡。

这种温度差令后鸟羽愈加焦躁。而此时更是爆发了全国性的抵抗风暴。无论国司、领家与地头，各地、各阶层纷纷起来抵抗，这远远超出了后鸟羽的想象。此次抵抗的程度也是超乎寻常的激烈。

综合来看，想必最初干劲十足的后鸟羽从某一时期开始便放弃了完成殿舍的初衷，改以大致完工为方针。因此，施工在十二月八日举行"桧皮葺始"后便中止了。如此想来，从上梁到造内里行事所解散仅历时两个月，无大臣视察、顺德迁幸以及论功行赏便不难理解了。

后来，承久之乱中落败的后鸟羽被流放隐岐岛，结果大内里的修建工程再未启动。旨在成为正统帝王的后鸟羽发起了承久的大内里建造工程，最终却以宏大的浪费收场。

4 向兵乱发展

建造的背后

那么，在建造背后发生了什么呢？首先引人注目的，是承久二年（1220）春藤原定家被禁止出仕歌会。五味文彦认为，事情的起因是藤原定家因在任官仪式上被数人超越而心怀不满，将自身比作菅原道真，吟咏愁诉现今境遇的述怀歌,结果触怒了后鸟羽。五味文彦还指出,"后鸟羽心境与此前不同","无法原谅违背其意并以菅原道真的和歌为样板吟咏述怀歌的藤原定家"。尽管后鸟羽认可藤原定家的才能,并且此前定家的脾气秉性、言行举止等也曾引起后鸟羽不悦,但此时后鸟羽的忍耐限度却大幅下降。

此外,如第一章第 3 节所述,同年四月二日,后鸟羽认为顺德在赌弓习礼上令殿上人"拟主上"、扮演天皇的行为不当,并迁怒于未对顺德进行劝阻的九条道家。从对于帝王权威的意识来看,在没有神器的条件下实现践祚的后鸟羽与接受土御门正式让位而践祚的顺德并不同。基本上,顺德努力的方向与后鸟羽一致,但顺德成年以后自然会以正统的正式帝王的身份进行独立自主的活动。结果,轻率的行动便招致了后鸟羽的愤怒。

而且,京都还接连发生火灾。承久元年(1219)十一月二十七日,被称为"国王氏寺"六胜寺中的延胜寺、成胜寺、最胜寺的佛塔、金堂、证菩提院与检非违使厅被放火烧毁。承久二年(1220),举行"木作始"后不久,三月二十六日清水寺的本堂、佛塔、释迦堂,四月十三日祇园社的本殿、东面廊、南大门、药师堂,十九日慈圆的吉水坊,二十七日大内里阳明门、左近卫府、左兵卫府,先后被烧毁。这些与王权密切相关的建筑先后被烧毁势必也对大内里的再建计划造成了影响。与此同时,国司、诸权门、地头等还掀起了抵抗造内里役的风暴。

问题的罪魁祸首

前节开头处提及,卿二位称"越后、加贺两国的坂东地头拒不从命"。当时的越后守护与加贺守护极有可能是北条义时与义时次子朝时,这大概直接影响了这两国对造内里役的抵抗。不过,这只是包括北陆道在内的东国的情况而已,从全国来看,来自地头的抵抗并没有那么显著。只是,大内里毁于大火本质上是幕府内部斗争殃及京都的结果,幕府本应指挥地头积极地协力再建。后鸟羽大概也是这样想的。然而,事实却是向幕府控诉地头抗税也没能解决问题。在后鸟羽看来,现在的幕府已然无法控制。

后鸟羽拥有健硕的体魄与卓越的身体能力,不仅擅长骑马、游泳、射箭等武艺,而且还曾亲自锻造太刀。这样的后鸟羽理应无意否定幕府与武士的存在。但作为君临公家、武家、寺社所谓诸权门之上,统御整个日本的帝王,无法将权门之一的幕府置于统治之下却是成问题的。为何无法控制幕府?幕府中定然存在罪魁祸首。那么罪魁祸首是谁呢?

表面上,三寅是未来将军,北条政子作为尼将军代表幕府。但后鸟羽派往镰仓的吊唁使藤原忠纲,在向源实朝生母北条政子传达哀悼之意后,便到访北条义时宅邸并向其提出了撤销长江、仓桥两庄地头的要求。这说明，后鸟羽已经认识到实际操控幕府的是北条义时。并且，卿二位继而进言称："切木不断本，无末荣之事。伐义时，尽依圣意统御日本国。"卿二位并没有说要推翻幕府，而是劝谏"断本"，即讨伐罪魁祸首北条义时，随心所欲对包括幕府在内的整个日本国进行统治。

过去，认为后鸟羽意在"倒幕"的观点十分权威。并且，现今学界仍然存在观点认为后鸟羽的终极目标是"倒幕"。但是，从承久元年（1219）至三年（1221）间后鸟羽的动向以及镰仓时期与承久之乱有关的史料来看，难以认定后鸟羽的意图在于倒幕。作者认为，在修建大内里的过程中愈发焦虑的后鸟羽，为将幕府置于控制之下，改变了最初的方针，结果，追讨罪魁祸首北条义时代替完成大内里工程成了其欲优先实现的目标。

诅咒的修法与尊号的辞退

另外，《仁和寺日次记》承久二年（1220）十二月十一日条记录了院近臣法胜寺执行二位法印尊长出任"出羽国羽黑山总长吏"的内容。前文多次提及，后鸟羽所举行的修法多数都不是诅咒关东的。不过，羽黑山是修验道的重要道场。而且，过去还曾因地头非法的问题与幕府对抗。从承久二年（1220）末这个时间点来看，这次人事变动很有可能是为了让尊长进行诅咒修法而实施的。

如此一来，前述《百炼抄》承久二年（1220）十月十八日条中所见"今日，最胜四天王院上栋"的意思也变得明了。十月十八日是大内里殿舍立柱上梁的日子。因大内里的再建工程初见规模，故而后鸟羽开始着手将最胜四天王院变身为诅咒之堂。如果"古活字本"中"关东诅咒之堂"的表述是基于自此之后的记忆，那么便可以理解了。

而且，承久二年（1220）十一月五日举行了皇太子怀成亲王的着袴仪式①。三日后，依据"鸟羽院保延元年之例"（《玉蕊》十一月八日条），后鸟羽辞去了太上天皇的尊号以及御随身（为护卫贵人而身携弓箭、刀剑的近卫府役人）。所谓"鸟羽院保延元年之例"，据右大臣藤原宗忠日记《中右记》保延元年（1135）十二月十八日的记录，即"院，明年御慎不轻。仍辞申尊号及御随身给候（鸟羽院明年值重厄，御慎不轻。辞退太上天皇尊号及御随身）"的先例。当时每至年末，宿曜师都会上呈预示翌年运势、吉凶的堪文（回答问询的文书）。为消灾避难，被指值重厄的鸟羽采取了果断辞退尊号的方法。十二月二十九日，在表明辞退的文书中即加入了"可慎厄运"一语。

---

① 日本古代公家的一种庆祝仪式，一般在男童 3 岁时举行。幼童首次穿着袴（一种宽松裙裤），象征成长为少年。

《玉蕊》承久二年(1220)十一月八日条所载后鸟羽的"御辞状草"中,也有"明年厄运,可慎"的表述。"明年"即承久三年(1221),对后鸟羽来说是重厄之年。已经拟定令顺德让位怀成的后鸟羽在怀成着袴后不久便辞退尊号,可以说就是直接的除厄避祸之举。不过,让位的目的是创造可以令顺德以自由的立场进行活动的体制,以确保追讨北条义时的成功。在这个意义上,"厄运"也是必须去除的。后鸟羽辞退尊号的时间是十一月上旬,还未到年末,由此可见后鸟羽强烈的意愿。

转换方针的时期

那么,转换方针的时期是何时呢?《玉蕊》承久二年(1220)十月五日条的记录值得注意,其中有所谓"上皇居城南"的记述。由此可知,后鸟羽十月上旬曾在鸟羽的城南寺停留。城南寺即是"慈光寺本"所谓"来四月二十八日,预定于城南寺举行御佛事。为警卫,召集武士着甲胄参上","古活字本"所谓"公告鸟羽城南寺举行流镝马,召集近国武士"记录中出现的寺院。

不过,建保五年(1217)九月七日以后三年多的时间里,后鸟羽都未曾御幸城南寺。久违的御幸所为何事呢?据《玉蕊》记载,翌年承久三年(1221)一月二十七日,后鸟羽在城南寺举行了笠悬。笠悬足以让人想起"古活字本"的"流镝马"①。这样来看,这显然是后鸟羽的布局,即通过反复御幸城南寺,举行笠悬,以城南寺行事的名目掩饰其召集兵力之举。

另外,在承久二年(1220)八月一日的"顺德天皇宣旨"中有"城南御幸以前可令申上之由"的表述。宣旨发出的日期是八月一日,可见在这个时间点上后鸟羽已经计划了城南寺御幸。如果是这样的话,那就意味着七月左右后鸟羽已经构思了以城南寺行事之名召集兵力的计划。而最胜四天王院变身诅咒之堂的动工仪式在承久二年(1220)七月十九日举行也恰好与之相符。承久元年(1219)八九月左右埋下的导火索,终于在约一年后的承久二年(1220)七月被点燃。

镰仓的承久元年及二年

与此同时,镰仓发生了什么呢?据《吾妻镜》记载,承久元年(1219)后半至翌年末,镰仓也是接连发生火灾且天变频频。首先,承久元年(1219)九月二十二日,由比滨北部附近发生火情,火势受南风影响迅速在镰仓内蔓延,北至将军御所东北部的永福寺总门,南至由比滨的仓库前,东至名越山山脚,西至若宫大路,全部在火灾中被烧毁。据说,如此

---

① 骑射的一种,以镝箭射靶。

规模的大火是源赖朝时代以来未曾有的。源实朝的故居即北条政子的宅邸与三寅的居所在此次火灾中所幸未被烧毁。但三个月后的十二月二十四日，政子的宅邸因失火没能再次幸免。另外，十一月二十一日的大风还将北条时房新建的宅邸吹倒。占卜的结果显示，极为不吉。

到了承久二年(1220)，二月的两次大火致大町以南被烧毁，三月窟堂附近的数十家民宅遭遇火灾。九月、十月、十二月也有火灾发生，《吾妻镜》同年十二月四日条记载："去今年镰仓中，火事无绝。纔虽有迟速，遂无免所。匪直之事欤(去年、今年，镰仓中火灾不断。时间有早有晚，但无幸免之处。非寻常之事)。"而且，同年七月"近来无此类"的大风雨还导致大量房屋或倒塌或被冲毁，多人因此丧命。承久元年、二年的京都与镰仓都不断遭受了各种灾害的侵袭。

另外，承久二年(1220)六月，三寅的父亲九条道家的使者来到了镰仓。去年十二月，彗星出现，是为天变。为此，朝廷方面在延历寺根本中堂举行了千僧御读经的祈祷活动。使者前来即是希望镰仓方面也为三寅进行祈祷。当时的人们将彗星的出现视为灾异的前兆，十分注意防范。对此，有意见称于关东未见彗星出现故没有必要进行祈祷，但经大江广元等人协商，最终决议从大般若经中选出三部，在鹤冈八幡宫对各部的初、中、后段数行经文进行转读。

新体制下的镰仓幕府

在此过程中,幕府逐步开始步入下一个阶段。《仁和寺日次记》承久二年(1220)四月十五日条记载,"今夜禅晓阿阇梨(故赖家卿子),于东山边诛",即赖家的遗孤禅晓被杀。这样,公晓、阿野时元、道晓、赖茂、禅晓等将军的候选人便全部被肃清。同年十二月一日,三寅的着袴仪式盛大举行。翌日,为向朝廷报告,小山朝政上京,幕府借此向内外昭告源实朝死后的体制已然安定。朝廷方面也在同年十一月五日为怀成亲王举行了着袴仪式,为其翌年的践祚做好了准备。三寅与怀成一样都是出生于建保六年(1218),同为3岁。这种形式上拥戴幼主的体制,不约而同地几乎同时在朝廷与幕府中形成。

不过,该时期的《吾妻镜》中几乎没有体现朝幕关系的记录。因彗星祈祷的记录也不过是缘于九条道家忧虑其子,而非与后鸟羽的往来。除此之外,在后鸟羽卧于病榻之际,幕府曾派出后藤基纲赴京探病;京都发生火灾、大内里木作始以及立柱上梁时,大内惟义、惟信父子,五条有范曾派使者向镰仓送报消息,相关的记录仅此而已。当然,没有记录并不代表无事发生。《吾妻镜》作为后世的编纂史料,刻意不记载也是可能的。然而,毋庸置疑的是,朝幕关系已经冷到极点。

　　如果情况相反，即幕府对承久二年（1220）后鸟羽转变方针，即以追讨北条义时代替再建大内里为优先目标的动向毫无察觉，亦全无戒备、对策，那么承久之乱的爆发，对于幕府而言就是完全出乎意料且惊天动地的大事件。下一章将详细展开这个问题。

第四章　承久之乱的爆发

1　追讨北条义时

发动追讨倒计时

　　承久三年(1221)，后鸟羽的"重厄"之年到来。京都仍然是火灾不断，卿二位的宿所、后鸟羽母亲七条院的御所、宗像社、宝庄严院都毁于大火。镰仓方面三善康信的宅邸发生火灾，重要的文件、诉讼记录等都被烧毁。不过，与此同时，后鸟羽追讨北条义时的倒计时却在稳步推进。《玉蕊》承久三年(1221)一月十七日条记载："今晓行幸院，入夜还御云云。非年始朝觐之礼。"顺德拜谒后鸟羽御所，但此举并非天皇在年始之时对父院、母女院行礼的朝觐行幸，很有可能是为了与后鸟羽商讨让位与追讨北条义时之事。此后，一月二十七日，后鸟羽在鸟羽城南寺举行了"笠悬"的骑射活动。并且，二月四日进行了第 29 次的熊野诣。后鸟羽大概对熊野三山祈愿顺利让位以及成功追讨北条义时吧，但后鸟羽必然没有预想到这会是他生平最后一次熊野诣。

四月二日，在向伊势、石清水、贺茂三社奉币，祈愿祛除"重厄"后，四月二十日，顺德让位，4 岁的怀成践祚，是为仲恭天皇。同日，近卫家实辞任关白，左大臣九条道家出任摄政。四月二十三日，顺德被奉上太上天皇尊号，四月二十六日，"新院"顺德御幸"一院"后鸟羽的院御所高阳院殿。

与此同时，后鸟羽秘密开展了拉拢御家人的工作。在追讨源赖茂的过程中，后鸟羽发现使御家人脱离幕府首脑层的控制并为其所用并非难事。因此，后鸟羽策划在此基础上更进一步，利用已经投靠自己的御家人，引发幕府内排除北条义时的动向。其选定的对象就是和田合战后，唯一可以与北条氏抗衡的势力三浦氏以及在京的"平判官"三浦胤义。

另外，根据《民经记》纸背文书"上总介清国书状"（2676号）的记述，承久二年（1220）十一月二十五日，上总国司藤原清国曾向造内里行事所的右中弁藤原赖资控诉"地头三浦判官胤（义）"拒绝缴纳"造内里米"。换言之，三浦胤义就是拒缴造内里役的地头。这个三浦胤义正是后鸟羽意图拉拢的对象。由此可见，地头的抵抗并非导致大内里修建工程中止的唯一原因。

拉拢三浦胤义的工作

在"慈光寺本"的叙述中，能登守藤原秀康受后鸟羽之命，将三浦胤义邀至家中，在推杯换盏之际，劝说三浦胤义追随后鸟羽。三浦胤义答称，自己离开三浦氏、镰仓，选择在京是有原因的。其妻是"一法执行"之女，在与胤义结合之前，是"故左卫门督殿"即二代将军源赖家的"御台所"，曾为源赖家产下"若君"。但源赖家被北条时政杀害，其子若君也被时政之子义时杀害。此女与胤义再婚后，终日以泪洗面。为此，胤义希望上京服侍上皇，与镰仓刀剑相向，以慰夫妇之情。"一法执行"即成胜寺执行的一品房法桥昌宽，"若君"即禅晓。如前所述，禅晓在承久二年（1220）四月十五日被北条义时的幕府在京都东山杀害。

野口实认为即便有这样情绪化的原因，但更重要的是在东国御家人中普遍存在着"在京奉公"与"在地经营"的分业体制。三浦胤义从建保六年（1218）六月至翌年一月源实朝被暗杀前在京奉公，根据前文"上总介清国书状"（2676号）的记述可知，承久二年（1220）十一月二十五日以前已经升任"判官"即卫门尉,并获得了检非违使的宣旨。野口实指出,当时胤义之兄三浦义村只不过是左卫门尉,"从身份地位来看,获得检非违使宣旨的胤义地位更高"。在三浦义村看来,与其说胤义是"一族分工的承担者",不如说他是"族内的竞争者"。

一族内的竞争与对立

其他的御家人族内也有同样的情况发生。即便是北条义时、时房兄弟的关系也未必坚如磐石。与北条义时不同,时房有在京经验,习得了京都的教养,其蹴鞠技术甚至获得了蹴鞠"长者"后鸟羽的称赞。可以说,与其兄北条义时是截然不同的类型。另外,据《吾妻镜》建保二年(1214)四月二十七日条记载,"武州"请求将军源实朝推荐其叙"三位"。当时任"武州(武藏守)"的是北条时房。与正五位下的兄长义时相比,北条时房所期翼的位阶远远超过义时。不过,也有观点认为三位是相当于公卿的高位,不应认为"武州"是北条时房。

更有趣的是,《吾妻镜》承久二年(1220)一月十四日条中关于北条时房次子时村、三子资时出家的记录。此二人的出家事出突然,令世人十分疑惑。年轻人出家,往往并非出于修行佛道的目的,为赎罪或自证清白的情况居多。次子时村的名字中有"村",因此三浦义村很有可能是时村的乌帽子亲①。换言之,时村的后盾是可以与北条义时对抗的有力御家人。或许正是这样的缘故使时村做出了诸如反义时的危险举动,结果陷入了不得不出家的困境。

可以想见,后鸟羽正是意图利用御家人一族内的矛盾,尤其是"兄弟间的竞争、对立",造成幕府内部排除北条义时的动向。"慈光寺本"中,胤义对秀康说,如果给其兄义村送去书信,教授令北条义时麻痹大意之计,讨伐北条义时也非难事。收到报告的后鸟羽随即下令"急军之检议(速速召开军事会议)"。

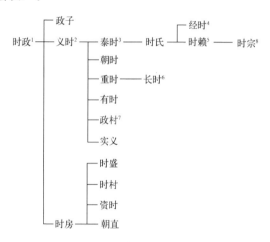

北条氏略谱
(数字代表执权就任的顺序)

---

① 武家男子举行成人仪式"元服"时,为成年男子戴"乌帽子"、起名的人。"乌帽子亲"往往会充当"乌帽子子"在社会上的庇护者。

召集一千余骑

继而,"慈光寺本"以城南寺举行佛事、"古活字本"以举行流镝马为名目发布了召集命令。下面就以"慈光寺本"为中心看一下事情的经过。

首先,后鸟羽亲自向院近臣的贵族、僧侣发出"敕定",并向在京御家人、西面众以及畿内、近国武士发出了"回文"(向多人逐一、轮流传达旨令的命令文书)。前者中,有坊门忠信、藤原光亲、源有雅、中御门宗行、一条信能、高仓范茂、刑部僧正长严、二位法印尊长。后者中,有藤原秀康、秀澄兄弟与侄儿能茂(童名伊王)、三浦胤义、大内惟信、佐佐木广纲、佐佐木高重、后藤基清、八田知尚、大江能范等,此外还有丹波、丹后、但马、播磨、美浓、尾张、三河、摄津、纪伊、大和、伊势、伊予、近江的武士。

承久三年(1221)四月二十八日,"一千余骑"兵力集结于院御所高阳院殿。在诸国兵将严守四门的戒备之下,"上皇"后鸟羽、"中院"土御门、"新院"顺德、"六条宫"雅成、"冷泉宫"赖仁进入御所内。并且,开始举行百座仁王讲、如法爱染王法(《御让位部类记》《光台院御室传》《吾妻镜》承久三年五月二十一日条)。在祈祷国家安泰、佛敌降服的同时,大概也在诅咒北条义时吧。

后鸟羽随后令七名阴阳师就事之成否、吉凶进行了占卜。结果,阴阳师答复称,此时不可,若改元,于十月上旬起事,则事可成就。卿二位立刻谏言称,论果报,后鸟羽与北条义时无法相比,此事即便仅为一人所知,很快也会为世人所悉知,更何况已经对一千兵力下达了召集命令,已无隐瞒的可能性。如果此事传入北条义时耳中,对后鸟羽而言会成为十分危险的问题。因此应尽快做出决断。

诚然,后鸟羽的计划只有在暗中秘密推进才能奏效。实际上,对于承久二年(1220)七月转换方针以后后鸟羽稳步展开的准备工作,幕府并没有发觉。但是,秘密的计划早晚要浮出水面。届时,迅速地选择与决断以及行动是十分必要的。后鸟羽在召见藤原秀康后,就下达命令诛杀与北条义时具有亲缘关系的京都守护伊贺光季。

但是,"慈光寺本"中后鸟羽的两位重镇,即近卫基通与卿二位之夫大炊御门(藤原)赖实对后鸟羽是持批判态度的。另外,在三寅下向关东的事情上竭尽全力的西园寺公经与其子实氏被认为与幕府勾结,五月十四日被幽禁于弓场殿。

诛戮京都守护伊贺光季

就这样,承久三年(1221)五月十五日的清晨到来。据"慈光寺本"记述,藤原秀康接受后鸟羽的旨令后,首先召唤了京都守护伊贺光季。伊贺光季是幕府的元老,故伊贺守藤原朝光之子，其妹嫁给北条义时并生下了北条政村（后来的第七代执权），相当于北条义时在京都的代理人。伊贺光季自然没有回应，结果，"一千余骑"便出动讨伐。"古活字本"中还有关于另一位京都守护大江亲广的叙述。后鸟羽对应召而来的大江亲广说："追随北条义时，还是加入后鸟羽院的阵营，即刻申上"；结果，大江亲广被迫选择了追随后鸟羽。

五月十五日，三浦胤义、小野成时（后出小野盛纲的侄子）、佐佐木广纲等率"八百余骑官军"（《吾妻镜》五月二十一日条），兵分五路，攻向伊贺光季的宿所。另一方面，伊贺光季麾下武士共85人。伊贺光季向部下武士传达称，自己已做好了战死的心理准备，决心战到最后，惜命者可速速逃离。听闻此言，其麾下武士纷纷逃亡，仅剩政所太郎、治部次郎等精锐武士29人。加上伊贺光季及14岁的次子光纲（童名寿王）父子，一共只有31人。半数以上的武士都选择了回避与院方军队作战。

开门迎战的伊贺光季在发现三浦胤义后，责问道："于后鸟羽院，并未犯过，何故召诛？"三浦胤义答曰："顺应时势，应宣旨召集，遂入讨伐军势，攻伐至此。"但是在伊贺光季眼看就被射落马下时，三浦胤义退出了门外。伊贺光季等人继续奋战，杀死敌军35人。尽管如此，伊贺光季方终究还是寡不敌众，身负重伤的伊贺光季命人火烧寝殿，流着泪亲手刺死了次子光纲，将其尸体投入火中。其本人也与政所太郎互刺后倒在火光之中。后鸟羽本想将伊贺光季收入己方阵营，并任命其为追讨大将军，因此当伊贺光季死讯传来时，十分惋惜。

追讨北条义时的院宣

继而，后鸟羽在五月十五日发出了"追讨北条义时之宣旨"，承久之乱爆发。所谓院宣，是在院身边服侍的院司为传达院的旨意而以自己的名义发出（发文者称"奉者"）的一种命令文书。"慈光寺本"中，作为奉者书写院宣的是藤原光亲。长村祥知通过详细、绵密的分析认为，"慈光寺本"的院宣引用了实存的院宣。以下是院宣全文。

> 被院宣称曰，故右大臣薨去后，家人等偏可仰圣断之由，令申。仍义时朝臣，可为奉行之仁钦之由，思食之处，三代将军之遗迹，称无人管领，有种种申旨之间，仍被优勋功之职，摄政之子息被迭毕。然而，幼龄未识之间，彼朝臣，秉性于野心，借权于朝威。论此于政道，岂可然钦。仍自今以后，停止义时朝臣之奉行，并可决睿襟。若不拘此御定，犹有反逆之企者，早可殒其命。于殊功之辈者，可被加褒美也。宜可令存此旨者，院宣如此。悉此以状。
>
> 承久三年五月十五日　　　　按察使光亲奉

内容的大意是这样的。

"故右大臣"源实朝死后,因御家人等愿从"圣断"即天子(这里指"治天之君"后鸟羽)决断,故后鸟羽拟以"义时朝臣"为"奉行之人",即任命义时为执行主君命令之职。此时,幕府愁诉称无继承"三代将军"之迹者,为此令"摄政子嗣"继承。然,因(摄政之子)年幼无知,"彼朝臣"北条义时心怀野心,借朝廷权威,不行合适之政。故自今以后,停"义时朝臣之奉行",全由"睿襟"(天子之心)决断。若有人不从此决定,无异叛逆,则可殒其命。功勋卓越者赏。以上。

院宣的逻辑

院宣的逻辑在于,御家人们愿服从后鸟羽,但奉行北条义时却逆势而行,借朝廷权威,违乱政治。若停北条义时的奉行之职,按照后鸟羽的指示施政,御家人等的愿望便可实现。也就是说,在排除北条义时这个点上,御家人与后鸟羽的利害关系是一致的。而且,院宣还明确说明了追随北条义时者杀、排除北条义时有功者赏的赏罚原则。这是意图君临全日本的后鸟羽所特有的逻辑。虽说如此,但从接受院宣的御家人的角度来看,院宣的内容也是很容易被接受的,因为问题无关幕府的存废,而是在于排除北条义时,而且院宣还提及了御家人最关心的恩赏问题。可以说,这封院宣足以抓住御家人的心。

　　"慈光寺本"中,院宣下发的对象是武田信光、小笠原长清、小山朝政、宇都宫赖纲、长沼宗政、足利义氏、北条时房、三浦义村八人。这些人都是杰出的有力御家人,并且都具有丰富的在京经验。后鸟羽之所以选择他们,大抵是因为与他们在京中有所接触。而北条义时之弟时房与其外甥足利义氏(其母是政子、义时的妹妹)也位列其中,显然是后鸟羽意图利用同族内的竞争与对立造成御家人的分裂。若能成功拉拢数人,必然可以发挥巨大的效果。

追讨北条义时的官宣旨

　　并且,后鸟羽还发出了落款为承久三年(1221)五月十五日的"北条义时追讨之官宣旨"(《镰仓遗文》2746 号)。所谓官宣旨,即以太政官之上卿(执行政务的公卿)承天皇之意制成的宣(命令)为基础,并由弁官发布的命令文书。《吾妻镜》同年五月十九日条记载:"敕按察使光亲卿,右京兆追讨之宣旨被下五畿七道[后鸟羽命藤原光亲向五畿七道发出追讨右京兆(北条义时的官职,右京兆权大夫)的宣旨]。"长村祥知认为,藤原光亲不仅是院宣的奉者,还作为"传奏(服侍在院、天皇侧近,以奏闻、传宣为职务的官职)"将后鸟羽的命令传达给了藏人头叶室资赖,在官宣旨发布的流程中扮演了重要角色。

　　官宣旨的逻辑与院宣基本相同。但也有三点不同:第一,"义时朝臣"追讨命令的下发对象是"五畿内、诸国(东海、东山、北陆、山阴、山阳、南海、大宰府)"的"诸国庄园守护人、地头等";第二,追讨后,"有可经言上之旨者,各参院厅,宜可经上奏(如有上奏后鸟羽之事,可参院厅上奏)";第三,"国宰并领家等,寄事于纶绰,更勿致滥行(禁止国司、庄园领主以敕命为口实行乱暴之举)"。

从第一点来看,这封官宣旨的下发对象不仅限于东国的御家人,畿内近国、西国的御家人等也包括其中,可见该宣旨意在对广范围内的武士进行动员。东国原本就是幕府权力深入渗透的地区,无法确定追讨北条义时的宣旨能否发挥作用。但如果将畿内近国以及西国的御家人也囊括其中则效果可期。第二点,对于参上院厅以及上奏的许可,若以这些地区的武士为对象,那么恩赏的实施将更具实效性。第三点,禁止国司、领家肆意妄为,如果将畿内近国、西国视为现实的主要对象,那么在动员那些与国司、领家趋于对立的武士方面就会发挥积极作用。另外,在后鸟羽的脑海中大概也出现过国司、领家抵抗造内里役的痛苦记忆。通过禁止国司、领家滥行,后鸟羽也重新宣示了其身为君临于国司、领家之上的帝王地位。总而言之,这封官宣旨是对发给东国御家人的院宣的补充,旨在对以畿内近国、西国为中心的大范围的武士进行动员。

院宣、官宣旨的影响力

　　另外，追讨朝敌时，通常的做法是任命追讨使，在其指挥下派遣追讨军。但是，在后鸟羽的院宣及官宣旨中没有关于任命追讨使的表述。过去，一般将这种做法解读为后鸟羽过于乐观地估计了院宣、官宣旨的影响力，认为只要发出院宣、官宣旨就可以令武士站到"京方"一边，追讨北条义时以及倒幕便都可以实现。然而，现实是幕府命"镰仓方"大军西上，结果，在兵力上处于劣势的京方束手无策、彻底失败。承久之乱的落败，是后鸟羽乐观预期院宣、官宣旨影响力的必然结果。

　　不过，过去的这种观点在事实的本质上却存在着错误的认识。首先，这种观点认为后鸟羽的目的在于追讨北条义时，打倒幕府。但是，如前所述，后鸟羽的目标是排除北条义时，将幕府置于控制之下，并不是倒幕，也不是否定武士。院宣中对北条义时"停止奉行"，全依"睿襟"决断的表述也说明了这一点。

　　同时，将败北的原因归结为过度相信院宣、官宣旨的影响力也有问题。在第一章中曾有所提及，依据"延庆本"《平家物语》的记述，治承四年（1180）源赖朝举兵之际，被任命为追讨使的平清盛之孙维盛在下向东国途中，一边出示"宣旨"一边募集兵力。但是，征兵并没有如预期一般顺利，不安的追讨军在富士川合战中因水鸟拍打翅膀的声音而受惊,溃不成军。尽管这是后鸟羽祖父后白河时代的故事,但见识广博的后鸟羽不可能不知道。因此,过于相信院宣、官宣旨影响力的观点也值得商榷。

后鸟羽的战略

那么,从召集一千余骑、诛杀京都守护伊贺光季、发布院宣及官宣旨这一系列举措来看,后鸟羽究竟采用了怎样的战略呢?白井克浩认为,一千余骑(白井称"第一次召集军")的任务是"控制京中",在之后的约半个月里,未在京都采取行动是"基于当初作战计划的、预定的军事行动"。而依官宣旨募集的兵力(白井称"第二次召集军")才是"追讨北条义时的实战部队",如果存在后鸟羽乐观论,那么就是后鸟羽"完全误判了第二次召集军的向背问题"。

另一方面,长村祥知认为"后鸟羽的计划"是以院宣命令有力御家人诛杀北条义时,同时以官宣旨"尽可能地动员东国武士"追讨北条义时。而官宣旨以"五畿内诸国"为下发对象,则是"为了防备北条义时逃亡而预先通告西国"。

想来,如果仅限于排除北条义时,那么最有效的战略无疑是利用御家人一族内部的竞争与对立,使幕府内形成反北条义时、反北条氏的动向。专门指定八位有力御家人发出院宣的理由即在于此。借此,至少可以引起幕府内部的动摇和混乱。不过，如果后鸟羽没有过于相信院宣的影响力，那么就应该预想到无法诱导有力御家人反北条义时的情况。官宣旨便十分明了地说明了这个问题。当然，与院宣一样，官宣旨也未必能够决定东国御家人的归向。于是，后鸟羽才将官宣旨的发给对象指定为包括其权力渗透的畿内近国、西国在内的五畿内七道的御家人。换言之，为将北条义时从幕府中排除，后鸟羽制定了双重战略。

而且，最初召集的一千余骑还负责守卫后鸟羽、土御门、顺德、雅成、赖仁等进入的院御所高阳院殿，遵循了保卫大本营的战略铁则。这样看来，可以说后鸟羽构思了一个三重的万全战略。总而言之，后鸟羽并没有过于乐观地估计战局，他所制定的战略也并不草率。

但是，有时候就是会发生意料之外的事情。届时如何抉择、决断，将是决定胜败的关键。这对于幕府来说也是一样的。面对被视为朝敌、遭到讨伐的意外事态，北条义时与御家人们做出了怎样的选择与决断呢？

2　动摇的幕府、反击的幕府

混乱的镰仓

追讨北条义时的院宣与官宣旨被托付给了院的下部（负责杂事的下人）"押松"。承久三年（1221）五月十六日寅时（清晨 4 点左右），押松离开京都。而在前日五月十五日，携有劝诱其兄三浦义村书信的胤义的使者，伊贺光季在遭到诛杀前向北条义时汇报京都紧迫形势的使者，以及西园寺公经家司三善长衡向镰仓报告公经、实氏父子被幽禁的使者，官宣旨下发五畿七道的使者也先后离开了京都。四位使者在五月十九日午时（正午左右）至酉时（午后 6 点左右）陆续进入镰仓。下面，就按照《吾妻镜》与"慈光寺本"中的记述看一下后续的展开。

　　接到伊贺光季与三善长衡使者消息的幕府首脑层，面对如此突发的事态，惊愕异常。与此同时，三浦义村也接见了其弟三浦胤义派出并同押松一起来到关东的使者。三浦胤义在书信中转达了后鸟羽之命，"应敕定，可诛右京兆。于勋功赏者，可依请之（服从敕命，诛杀北条义时。功勋恩赏可尽如所请）"。三浦义村未作答复，遣返使者后，随即便赶赴北条义时处，进言"披露奥人前，镰仓中可寻押松（在消息传到镰仓以东武士之处前，应在镰仓搜寻押松踪迹，予以逮捕）"。

　　幕府首脑层的应对十分迅速。随即开始搜寻押松，所谓"谷七乡，无不骚乱"，镰仓顿时一片混乱。不过，隐匿于"葛西谷山里殿边"的押松很快就被抓获，其所携"宣旨、大监物光行（源光行）的副状以及东士交名（姓名一览）的注进状等"也被成功截获。幕府首脑层成功阻断了院宣、官宣旨在东国武士中的传播。

尼将军的知名演说

五月十九日,御家人群参北条政子宅邸。据《吾妻镜》同日的记录,当日参上的御家人包括北条时房、泰时、大江广元、足利义氏、安达景盛,"慈光寺本"中则是接收院宣八人中的六人,即武田信光、小笠原长清、小山朝政、宇都宫朝纲、长沼宗政、足利义氏。在这些御家人面前,北条政子发表了史上著名的演说。

在《吾妻镜》的记录中,北条政子开口便称"皆一心而可奉。此最期的之词也(诸位可同心听闻,这是我的将死之言)"。继而说道:"故右大将军"源赖朝征伐朝敌,草创"关东"(镰仓幕府)以来,御家人既获得了"官位"又得到了"俸禄"。"其恩既高于山岳,又深于溟渤(大海)","报谢之志浅乎"。今"依逆臣之谗,被下非义纶旨",即后鸟羽听信意图谋反的恶臣谗言发出了有违道理的敕命。"惜名之族"应讨伐"秀康、胤义等",以保全"三代将军遗迹"即三代将军留下的遗产。但"欲参院中者,只今可申切",若要追随后鸟羽,现在就可以直言。

"慈光寺本"的版本则更具感情色彩。北条政子先是哀叹了自己的悲惨命运,长女"姬御女"大姬、丈夫"大将殿"源赖朝、长子"左卫门督殿"源赖家、次子"右大臣殿"源实朝纷纷先她而去，如若弟弟"权大夫"北条义时也遭到诛杀，则将第五次体味失去亲人的悲痛。并且，诉说了"我儿大臣殿"为减轻御家人"三年""内里大番"的负担而与朝廷交涉的过往，同时强调"任由马蹄践踏源赖朝、实朝二人的坟墓"绝非蒙"御恩"者所为，"付京方而攻镰仓，亦或付镰仓方而攻京方，如实明言"，迫使御家人做出选择。

　　这就是作为镰仓幕府创始人的遗孀，二代、三代将军的生母，且拥有从二位的高级位阶，扶持年幼未来将军的尼将军北条政子的著名演讲，掷地有声，令闻者振聋发聩。而且，这番演讲还十分巧妙地将针对北条义时一人的追讨转换成了对三代将军遗产"镰仓"，即对幕府的攻击。当武田信光表明追随北条政子的态度后，在场者无人提出异议。在关乎幕府存亡的危机感被煽动起来后，御家人在异常的兴奋中作出了追随"镰仓方"、攻打"京方"的选择。

战术的选择

　　然而，还剩下一个重要的抉择。据《吾妻镜》五月十九日条记载，当日黄昏时分，在北条义时的宅邸北条时房、同泰时、大江广元、三浦义村、安达景盛等人围绕战术进行了评议。"慈光寺本"中，北条义时全无迟疑、畏惧地开始"军之检议"，并即刻决定派遣大军，但这样的叙述有些不切实际。下面，就依据更具可信性的《吾妻镜》的记录看一下幕府是如何应对的。

五月十九日的评议上出现了各种各样的意见。最终，决定"固足柄、箱根两方道路之关，可相待"，即采取固守足柄、箱根两个东海道关卡，迎击追讨军的战术。此时，大江广元提出了异议。"东士不一揆者，守关涉日之条，还可为败北之因软。任运于天道早可被发遣军兵于京都（若东国武士心意不一，守关日久，反而会成为败北的原因。应任时运于天命，速速出兵京都）。"

大江广元应该看到了从押松处截获的院宣及送往关东的官宣旨，并注意到了朝廷方面还没有任命追讨使。此外，源赖朝举兵时的亲身体验也令其了解到朝廷任命追讨使时势必大费周章，而宣旨的影响力也十分有限。当然，大江广元也明白后鸟羽与平氏政权下的后白河不同，他不仅掌握着强大的权力，而且具有优秀的领导力。但是，依据过去的经验，大江广元认为朝廷任命追讨使以及追讨军离开京都都尚需时日。

另一方面，依据长年居住镰仓的经验，大江广元也预想到了东国御家人在诸如以院为顶点的朝廷权威、权力以及不断迫近的朝敌追讨大军等等，这些肉眼不可见的压力面前势必会畏惧、退缩。为此，大江广元得出结论，认为在畿内近国、西国武士组成追讨军离开京都之前，发起攻势反而是最佳且唯一的战术。

最初的出击命令

北条义时听取了大江广元的提案后，向北条政子问询了该如何选择战术，即是该迎战还是出击。结果，北条政子回答说"不上洛者，更难败官军欤。相待安保刑部丞实光以下武藏国势，速可参洛（若不攻上京都，则官军难败。待安保实光以下武藏国军势抵达，可速速上京）"。

于是，北条义时对"远江、骏河、伊豆、甲斐、相模、武藏、安房、上总、下总、常陆、信浓、上野、下野、陆奥、出羽等"各国诸家之长发出了如下命令。

> 自京都可袭坂东之由，有其闻之际，相模守、武藏守，相具御势所打立也。以式部丞向北国。此趣，早相触一家人，可向者也。

大意是，因有情报称"京都"朝廷将"袭""坂东"幕府，故"相模守"北条时房、"武藏守"北条泰时率幕府军队出击。"式部丞"北条朝时赴北国。可速将此令传达给一家之众，不日出击。

在这里，对北条义时的追讨也被巧妙地替换成了朝廷对幕府的攻击。远江以东的东海道、信浓以东的东山道，是支持幕府的东国武士的根据地。可以说这是通过提出幕府存亡危机的问题意图最大可能地动员东国武士。但是，这种做法也恰恰说明了幕府首脑层的担忧，由于官宣旨下发五畿七道，在其影响下，三河以西的东海道、美浓以西的东山道、北陆道、畿内西国的武士或已经被编入追讨军。实际上，在后鸟羽最初召集的一千余骑中就包含了来自东海道三河、尾张、伊势以及东山道美浓、近江的武士，因此这种担忧是理所当然的。

北条泰时拼死出击

当然，一般的东国御家人同样心怀忧虑与不安。因为幕府首脑层很快就查抄并隐藏了院宣、官宣旨，在没有详细情报、对外界发生的事情全无了解的情况下，御家人就被下令尽快上京与官军作战。

五月二十一日，一条赖氏（一条能保之孙，高能之子）不忘旧交，东下镰仓，向幕府告知了京都的紧迫情势。于是，幕府首脑层再次进行评议，席间，"离住所，向官军，无左右上京事，如何可有思惟之由，有异议之故（有人提出异议认为，离开本据地，与官军敌对，贸然上京，是为如何，当以深思）"，御家人的不安与动摇开始表面化。

对此，大江广元指出，自决定上京后，仅数日便出现异议，如果继续累日等待武藏国军队，恐怕连武藏国武士也会心生异志。因此，大江广元提议，即便只是北条泰时一人，也应今夜立刻出击，而东国武士自会紧随其后。

此时,幕府元老三善康信因年老体衰在家疗养,北条政子特招其前来问询意见。三善康信答曰:"发遣军兵于京都,事尤庶幾之处,经日数之条,颇可谓懈缓。大将军一人者,先可进发欤(既然决意发兵京都,那么无所事事,徒费时日,实为懈怠。大将军一人可先进发)。"鉴于大江广元、三善康信两位元老意见一致,北条义时便下令命其嫡子泰时出击。

确实,如果枉费时日,恐怕连构成幕府根基的武藏武士也会倒戈。然而,当初想要选择迎击战术的北条义时等人也有他们的犹豫。就像为是否要接受关乎生命的大手术而烦恼的患者一样。做出决断总是需要听取第二位医生的意见。打消北条义时等人疑虑的正是三善康信。

于是,承久三年(1221)五月二十二日卯时(清晨 6 点左右),北条泰时在小雨中朝京都进发。随其同行的仅有北条时氏(泰时之子)、有时、实义(二人皆为义时之子)、尾藤景纲、关实忠、南条时员等北条一族及追随北条氏的武士 18人。正所谓拼死的出击。

蜂拥而至的镰仓方

并且,五月二十二日当天,北条时房、足利义氏、三浦义村、泰村父子等人也先后出征。北条朝时也作为"北陆道大将军"离开镰仓。另一方面,北条义时、大江广元、三善康信、中原季时、二阶堂行村、葛西清重、八田知家、加藤景廉以及院宣指定的接收人小山朝政、宇都宫赖纲等元老则留守镰仓,全力为战胜祈祷、为镰仓方征集军队。

据《吾妻镜》五月二十五日条记载,北条泰时进发的五月二十二日清晨至二十五日清晨,东国武士已悉数出击,北条义时将这些武士的名字一一记录在册。兵分东海道、东山道、北陆道三路上京的军队总数足有 19 万骑。当然这里想必有夸张的成分,但镰仓方军势堪称大军是毫无疑问的。《吾妻镜》同日条记载了大军的阵容:

> 东海道军十万余骑。大将军北条时房、泰时、时氏、足利义氏、三浦义村、千叶胤纲。

> 东山道军五万余骑。大将军武田信光、小笠原长清、小山朝长、结城朝光。

> 北陆道军四万余骑。大将军北条朝时、结城朝广、佐佐木信实。

短短三日内就集结如此兵力出击,大概是武士们与时俱进、争强斗勇的结果吧。在集体心理的作用下,发生了雪崩现象。结果,为何出击不再是问题。为打倒眼前的敌人,树立功勋,并以此获得名誉与恩赏而拼命的就是武士。就这样,东国御家人打消了疑虑与不安,竞相发动攻势。

京都方面,五月二十六日,被后鸟羽派往美浓国、负责防守关卡的藤原秀澄传来了关东武士为破官军意图上京的第一次军报,二十九日,又传来了北条时房、泰时率大军踏上征程的急报。面对如此超乎预料的进展,院中的人们惊慌不已,甚至开始动摇。另外,被遣返的押松携幕府对院宣、官宣旨的回应于六月一日酉时(下午 6 点左右)回到了院御所高阳院殿的大庭。"慈光寺本"记载,押松如实报告了北条义时的回复,所谓"北条义时命押松向后鸟羽如是报告:东山道、东海道、北陆道,自此三道,令十九万年轻的东国武士上京。请召集西国武士作战,并在御帘的缝隙中观看吧"。镰仓方的出击已是毫无疑问。后鸟羽命藤原秀康紧急调集军队迎战。至此,承久之乱一跃进入镰仓方与京方全面武力冲突的阶段。

序战中镰仓方获胜的原因

在看双方交锋之前,我们可以试着分析一下序战胜败的原因。首先,值得注意的是,北条义时被指为朝敌遭到追讨,在如此惊天动地、出乎意料的事态面前,幕府首脑层采取了怎样的应对。尤其是,当三浦义村从三浦胤义的使者处听闻在进入镰仓之前其与后鸟羽的使者押松同行后,马上表态支持北条义时,并向北条义时进言搜捕押松、截取院宣与官宣旨,这一做法的意义十分重大。

和田合战时,提出三寅东下镰仓的方针时,关键人物都是三浦义村。由于和田和战时背弃与同族和田义盛的约定,承久之乱中又拒绝弟弟胤义的劝诱,三浦义村常被评价为权谋之人。镰仓时代的说话集《古今著闻集》中也记载了三浦义村被其他御家人视作叛徒、被骂"三浦犬咬朋友"的逸话。但是,换个角度来看,三浦义村一贯站在北条义时一侧,从没有动摇。正是因为接受了三浦义村的建议,查收了院宣、官宣旨,幕府首脑层才成功地封锁消息,并以对自己有利的方式对情报进行了加工。这个意义非常重大。

此外,在迎战还是出击的战术选择上,北条政子、义时采纳京都出身的文士御家人、幕府元老大江广元、三善康信的进言,也具有重要意义。如果采取了另一选项即迎战的战术,不仅构成幕府根基的东国武士有可能倒戈,而且一旦战线拉长,发展成持久战的话,大批来自畿内近国、西国的武士还有可能被组织起来加入追讨军。但是,正是大江广元、三善康信精准的形势、战力分析以及北条政子、义时予以采纳的决断,上演了北条泰时拼死出击的精彩一幕,并引发了东国武士接连出击的雪崩现象。

这样看来,以北条政子、义时姐弟为首,由三浦义村、大江广元、三善康信以及北条时房、泰时构成的幕府首脑层,各展其才,形成了"镰仓团队"。在这个团队中,熟知京方、镰仓方实际情况的大江广元与三善康信,尽管没有参与作战,却是具有分析形势、战力才干的后方工作者;尼将军北条政子是采纳幕后人员建议的知名教练；北条义时作为队长，将北条政子的指示准确无误地传达给选手；经验丰富的北条时房、三浦义村以及被寄予厚望的北条泰时等人作为核心选手活跃在场上，并率领作为一般选手的东国武士。可以说，这是一个具有极强凝聚力与极高综合实力的团队。

序战中京方落败的原因

另一方面，多才多艺的后鸟羽以一人之力掌控所有的倾向十分显著。确实，后鸟羽精心制定的两重、三重战略既不草率也非乐观。并且，后鸟羽也听取了卿二位的进言，在收到藤原秀康的报告后才开始采取行动。但是，对后鸟羽提出异议的人却很少，他的周围尽是像藤原秀康一样惟命是从的人。并且，最终的选择与决断也是后鸟羽一人作出的。后鸟羽就是如此地强大。简而言之，京方并不是"团队京都"，更像是一个由后鸟羽一人兼任教练、后方、队长的"后鸟羽一人团队"。

而且，无可奈何的是，后鸟羽作为君临都城的帝王，缺乏对镰仓、东国武士现实的认识。以派遣押松的时机为例，对于押松来说，镰仓实属生疏之地，即便是平时搜寻指定的御家人并传达院宣也并非易事。尽管如此，后鸟羽在诛杀伊贺光季后还是派押松一人进入了镰仓。然而，此时的镰仓已经因三浦胤义的使者以及伊贺光季使者传来的紧急报告陷入了一片混乱。结果，押松很快就被逮捕，院宣甚至还没有被御家人看见就被销毁了。

另外，后鸟羽意图利用东国武士一族内的竞争与对立这一点是值得肯定的。但是，如果是这样的话，在利用与三浦义村存在竞争关系的胤义的同时，还积极地拉拢义村，就有点自相矛盾了。这也是由于缺乏对东国武士的现实认识吧。

显然，在凝聚力与综合实力俱优的镰仓方与后鸟羽独断专行的京方之间，存在着决定胜负的关键。但是，战役才刚刚开始。面对无法预知的未来，还有若干的选择与决断。下面，就看一下双方在交战中做出的那些选择与抉择。

3 进攻的镰仓方

迎战的京方

承久三年(1221)六月三日，在接到镰仓方兵至远江国府的军报后，京方召开公卿检议，决议以藤原秀康为追讨使，向北陆、东山、东海三道派出军队。关于军队的阵容，《吾妻镜》与"慈光寺本"的记述不尽相同，大致如下。

　　北陆道　宫崎定范、糟屋有久、仁科盛朝、大江能范

东海、东山两道（以下是为对美浓国要害的军势配置）

[阿井渡]蜂屋入道

[大井户渡]大内惟信、五条有长、糟屋久季

[鹈沼渡]斋藤亲赖、神地赖经

[板桥]萩野次郎左卫门、山田重继

[火御子]内海、御料、寺本

[池濑（伊义渡）]朝日赖清、关左卫门尉、土岐判官代国衡、开田重知、悬桥、上田

[摩免户]藤原秀康、佐佐木广纲、小野盛纲、三浦胤义

[食渡]山田左卫门尉、白井太郎入道、惟宗孝亲、下条、加藤判官

[上濑]滋原左卫门、源（渡边）翔

[墨俣]藤原秀澄、山田重忠

[市肋]加藤光员

可见，京方军队由藤原秀康、秀澄兄弟等院近臣武士，大内惟信、佐佐木广纲、五条有长、小野盛纲、三浦胤义等重要的在京御家人，源翔等西面武士，山田重忠、重继父子、蜂屋、神地、内海、寺本、开田、悬桥、上田等美浓、尾张武士构成。按照"慈光寺本"的记述，其总数大概是镰仓方的十分之一，即"一万九千三百二十六骑"。

不过，"海道大将军"藤原秀康却将其中"山道、海道一

万二千骑""散于十二木户",即采取分兵战术防守十二处栅①。当然,各个木户的兵力就更加少了,这显然是失策。"慈光寺本"也用"可悲"评述了藤原秀康在战术选择上的失误。

另外,后鸟羽为加强军事力量,对武士以外的人员也进行了动员。宫田敬三指出,进入六月以后,后鸟羽不仅发出追讨宣旨命官军出动,而且还"对在京、在国的武士、庄官、寺社以及公家兵力进行了召集"。但是,"近国御家人、寺社势力拒绝参战"、"庄官等不愿参战"等问题接连不断,兵力召集的情况十分不理想。

积极对策与消极对策

另一方面,北条时房行军至远江国桥本宿。"慈光寺本"记述了一段关于镰仓方的逸话,具体说来,即安房国筑井高重为与加入京方阵营的主人小野盛纲汇合临阵脱逃,结果,遭到了远江国打田党的攻击。为此,北条时房向军神奉上镝箭,并祈愿"此次交战速战取胜"。继而,还讲述了一段与京方有关逸话,即得知镰仓方东山道军的先遣部队已经抵达尾张国国府的消息后,美浓源氏重宗流山田重忠就战术向藤原秀澄献策。

---

① 防御敌军进攻的设施、城寨。

　　山田重忠的战术，十分勇猛果敢，是非常积极的对策。具体来说，即将分散于十二木户的山道、海道一万二千余兵力集结于一处，由墨俣渡过长良川、木曾川，进攻尾张国国府。继而，击破远江国桥本宿的北条时房、泰时，再向镰仓挺进讨伐北条义时，最后转向北陆道讨伐北条朝时。然而，"天生的胆小武者"秀澄却认为存在被北陆道军的朝时与东山道军的武田、小笠原夹击的危险而拒绝了山田重宗的献策，并决定采取在墨俣迎击镰仓方的消极对策。与采用大江广元、三善康信的计策，放弃迎击，改用出击对策的镰仓方相比，双方的对比可以说十分鲜明。确实，山田重忠的积极对策能否奏效，在当时是无法预测的。但从结果来看，藤原秀澄的选择、决断却使京方亲手放弃了打开战况的机会。

恩赏的现实性

　　六月五日，镰仓方东海、东山两道军队抵达尾张国一宫后，召开军事会议，制定了进攻的作战部署。《吾妻镜》的同日条记录了如下部署。

　　　　　　　［鹈沼渡］毛利季光

　　　　　　　［池濑］足利义氏

　　　　　　　［板桥］狩野宗茂

　　　　　　　［摩免户］北条泰时、三浦义村、以下侍所祇候者

　　〔墨俣〕北条时房、安达景盛、丰岛、足立、江户、
川越

　　可见，无论是京方还是镰仓方，都将主要兵力投入到了
摩免户与墨俣的要害。

　　"慈光寺本"在这里插入了一段值得关注的叙述。行至
美浓国大井户附近的镰仓方东山道军大将军武田信光对小
笠原长清说道："若镰仓方取胜则追随镰仓方，若京方取胜
则追随京方。这才是武士秉弓矢之道的习惯。"但是，对武
田与小笠原的态度有所预料的北条时房发出书信，提议若
大井户、河合的渡河作战成功，则"奉美浓、尾张、甲斐、信
浓、常陆、下野六国"，即以六国守护职作为恩赏。面对如此
现实的恩赏，武田与小笠原立刻发兵渡河。当然，这里或有
文学的润色与夸张。但是，在实际的战争中，武士们判断战
况并选择加入具有优势一方的事例并不少见。可以说，"慈
光寺本"的叙述恰是体现武士价值观、行动范式的一段
逸话。

　　不过，更加值得注意的是，北条时房把握己方武将的
性格、倾向，并以现实的恩赏阻止其倒戈的眼力与决断
力。六国守护职的许诺也许有些夸张，但想必北条时房
还是提出了一些令武田与小笠原心动的具体恩赏。与后
鸟羽挑选的东海道大将军藤原秀澄相比，二者间存在无
法跨越的差距。进一步说，这也是与后鸟羽之间的差距。

后鸟羽在追讨院宣中以给予褒奖，在官宣旨中以允许参上、上奏院厅为恩赏。姑且不论畿内近国，但对于以东国为大本营的东国武士而言这样的恩赏究竟具有多大的现实意义就未可知了。后鸟羽对东国武士现实认识的缺失，甚至左右了战局的胜败。

美浓之战

六月五日，面对由武田、小笠原率领，从大井户、河合渡过木曾川而来的镰仓东山道军，京方尽管进行了奋战，但大内惟信之子带刀左卫门惟忠战死，大内惟信本人从战场上脱逃，蜂屋入道负伤自尽，其子蜂屋三郎也战死，京方东山道军悉数败走。由此，武田、小笠原军开始向下游的鹈沼渡进军。

根据"慈光寺本"记载，上田刑部向负责防御鹈沼的京方神地赖经谏言称生命可贵，不如投诚，结果，神地赖经接受意见，向北条泰时投降。但北条泰时却说："身为秉承弓矢之道的武士，付京方则应专为京方，付镰仓方则应专为镰仓方，非但不专，还不顾廉耻地前来投诚，简直岂有此理"，并将神地父子等九人斩首，以儆效尤。

然而，《吾妻镜》六月二十日条却记载了神地赖经在乱后被生擒的内容，因此无法断定神地赖经是否在此时被斩首。而"慈光寺本"的叙述也似在刻意赞扬北条泰时的正义感与纯粹。不过,这也说明在当时的武士社会中,既有像武田、小笠原一样为恩赏而动,同时见风使舵,必要时不惜倒戈的价值观,也有忠臣不侍二君、绝不背叛的价值观。

在此过程中,板桥方面荻野左卫门、山田重继(重忠之子),伊义渡(池濑)方面开田、悬桥、上田,火御子方面内海、御料、寺本浴血奋战,拼死防守,给镰仓方造成了不小的伤亡,但最终仍然兵尽力竭,或逃亡或战死。防御摩免户的藤原秀康、三浦胤义也斩杀了不少镰仓方武士,但最后也不得不撤退。食渡的惟宗孝亲、下条见镰仓方狩野宗茂、大和入道等渡河而来,一箭未发便匆忙逃亡。

在京方的防御栅被接连攻破的过程中,扼守上濑、出身摄津渡边党的西面武士源翔表现得异常勇猛。源翔骑马杀入敌军阵中,与敌人杀作一团,在驱马与敌人交错之际,一边大喊“我乃翔,我乃翔”,一边奋勇杀敌。但源翔最终也败走了。

山田重忠的奋战

六月六日一早,19 岁的北条时氏与 22 岁的北条有时两位年轻武士,同大江佐房、阿曾沼亲纲、小鹿岛公成、波多野经朝、三善康知、安保实光等一起攻渡摩免户。箭矢未放便溃散败走的京方中,山田重忠与镜久纲(佐佐木广纲之侄)留下与镰仓方作战,但最后山田重忠败走,镜久纲自尽。

关于山田重忠，前文提及，他曾向藤原秀澄进言积极对策。山田重忠的本据地在尾张与美浓的交界处，出身美浓源氏重忠流。镰仓幕府成立以后，美浓国的国房流势力得到扩张，而重忠流则备受压迫。在系谱集《尊卑分脉》中，关于重忠、重继父子，开田重国、重知父子，木田重季，高田重朝、重村、重庆兄弟，小岛重茂，其侄重继、重通兄弟，足助重成等人，都有"承久京方美浓国大豆户被讨了""承久京方被讨了"的注释。他们都是名字中有通字①"重"的美浓源氏重宗流武士。为打开在当地的局面，重忠流武士选择了加入京方，但不遂所愿，在各处节节败退。当晚，东海道大将军藤原秀澄也放弃墨俣败走。

但山田重忠没有放弃。"慈光寺本"中，山田重忠率三百余骑转移至东海、东山两道的合流地杭濑河。在这里，山田重忠遭遇了武藏七党（以武藏国为根据地形成的七个同族武士团）儿玉党三千骑的袭击。山田重忠自报家门"我乃何许人也，有如所见。美浓、尾张之界，六孙王之末叶，山田次郎重定（重忠）是也"后，"举刀杀敌，火花四溅"，作战十分勇猛。转瞬之间，儿玉党百余骑便全部被歼，而山田重忠方也损失了48骑。其后，山田重忠指示部下，"敌退我退，敌进我攻"，并号令"众将士，殊死奋战"。但是，兵力的悬殊无

---

① 名字中自祖上世代继承的字。

论如何也难以扭转战局,最后,山田重忠也败走京都。于是,美浓之战仅历时两天便以京方大败告终。

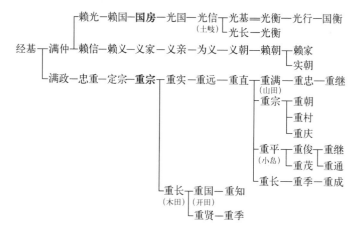

美浓源氏(国房流与重宗流)略谱

走投无路的京方

六月七日,北条时房、泰时等镰仓方东海、东山两道军在美浓国附近的垂井、野上宿召开军事会议。此时,三浦义村提议在北陆道军上京之前出兵要害。《吾妻镜》同日条如下记录了军事部署的情况。

[势多(濑田)]北条时房

[手上]安达景盛、武田信光

　　[宇治]北条泰时

　　[芋洗]毛利季光

　　[淀渡]结城朝光、三浦义村

　　地名"势多"一般称"濑田"，本书采用比较常用的"濑田"。

　　另外，翌日，由北陆道进攻的北条朝时、结城朝广、佐佐木信实等镰仓方，同率领越中在国武士的宫崎定范、糟屋有长、仁科盛朝、友野(伴野)远久等京方交锋，并获得胜利。镰仓方北陆道军的上洛也迫在眼前。

　　在同一天的六月八日，京方藤原秀康与五条有长负伤返回京都，在摩免户上报了败战的消息。院中一片哗然，坊门忠信、源(土御门)定通、源有雅、高仓范茂等院近臣公卿也出动赴宇治、濑田、田原方面进行防御。

　　穷途末路的后鸟羽将希望寄托在了比叡山延历寺的僧兵身上。在院近臣二位法印尊长的宅邸同土御门、顺德两院及雅成、赖仁两亲王等进行评议后，后鸟羽于六月八日傍晚御幸比叡山。当日，后鸟羽率领了身穿甲胄的源通光、藤原定辅、藤原亲兼、藤原信成、藤原隆亲等公卿、殿上人与尊长，还带上了因犯一样的西园寺公经、实氏父子。年幼的仲恭天皇也同行行幸，与后鸟羽一起停留在西坂本的梶井御所。二位亲王留宿十禅师(日吉山王七社权现之一)。但第二天六月九日，延历寺方面传来的却是"众徒之微力"难抵"东士之强威"的冷漠回复。次日，后鸟羽等人无奈、失望地返回了高阳院殿。

延历寺的众徒历来以祈祷的宗教手段守护京都,从未采过用武力。与攻破京方武士进攻而来的镰仓方武士进行战斗,并以此保卫京都,对于延历寺的众徒而言是完全无法想象的。后鸟羽大概也明白这个道理。但后鸟羽已经被逼入穷途末路,只能寄希望于此。结果,只有一些恶僧(长于武艺的僧人)加入了京方。六月十日还御高阳院殿当日,后鸟羽便解除了对西园寺父子的制裁。后鸟羽大概从此时已经开始考虑令这对与幕府关系密切的父子进行和平交涉了吧。

单薄的阵容与兵力

即便如此,后鸟羽还是在六月十二日向各处派出了京方军队。《吾妻镜》同日条记载了后鸟羽的军事安排。

　　　[三穗崎(水尾崎)]美浓竖者观严等一千骑

　　　[濑田]山田重忠、伊藤左卫门、山僧等三千骑

　　　[食渡]大江亲广、藤原秀康、小野盛纲、三浦胤义等二千骑

　　　[鹈饲濑]藤原秀澄、长濑判官等一千余骑

　　　[宇治]源有雅、高仓范茂、藤原朝俊、伊势清定、佐佐木广纲、同高重、快实等两万余骑

　　　[真木岛(槙岛)]安达亲长

［芋洗］一条能信、尊长

［淀渡］坊门忠信

"慈光寺本"中没有记述宇治、濑田之战，因此本文的相关叙述以《承久记》的"古活字本"为依据。"古活字本"与《吾妻镜》有两点不同之处，一是熊野、奈良的恶僧加入了宇治的防守；二是兵力布置不同，具体来说，即宇治与供御濑各一万余骑，芋洗与淀各一千余骑，槙岛（真木岛）与广濑各五百余骑。不过，即便将坊门忠信、高仓范茂、一条能信等现役公卿、近臣的僧侣以及熊野、奈良的恶僧全部算在内，总数也不过两万余骑。京方不得不以这样单薄的阵容与兵力进行最后的攻防战。

第五章　大乱的终结

1　最后的攻防

濑田激战

　　承久三年(1221)六月十二日,北条时房、泰时等在东海道宿驿野路驿附近安营布阵,进行了短暂的休整。此时,敬仰北条泰时的幸岛行时离开一族众人,来到了镰仓方阵营。据其称,尽管与一族不在一处,但为北条泰时出生入死是其夙愿。酒宴之上,心情愉悦的北条泰时将幸岛行时唤至上座推杯换盏,还将郎从、小舍人叫到阵幕边赏以吃食。北条泰时细致入微的举动,极大地鼓舞了众人的士气。

翌日,据《吾妻镜》同日条记载,在连绵不断的降雨中,北条时房、北条泰时分别率兵向濑田、宇治进发,酉时(下午6点左右),毛利季光与三浦义村也出兵淀、芋洗。"古活字本"记载,当北条时房等镰仓方到达濑田时,山田重忠及比叡山恶僧等京方三千余骑已经将桥中间2间①长的桥板拆除,并竖起盾牌、高举刀枪严阵以待。河水在雨后变得浑浊。当镰仓方武士渡桥蜂拥而上时,京方万箭齐发。而且,播磨竖者(竖者是僧人的一种头衔)等擅长"徒立"的恶僧还在拆除了桥板的桥桁上来回挥舞着大太刀、长刀进行阻击,镰仓方的武士即便奋力冲杀至桥桁之上,最终还是被砍落河中。这是迄今为止不曾有的艰难苦战。

在此过程中,率56骑赶来的镰仓方宇都宫赖业,故意放弃桥上苦战,改在距桥一町有余(约110米)的上游布下阵营,从河畔放射远箭与京方交战。结果,京方射出的远箭射中了宇都宫赖业头盔的顶部。射中赖业的远箭是13束3伏②的大箭,上面刻着"信浓国住人,福地十郎俊政"的"箭标"。不甘示弱的宇都宫赖业也选了一支13束2伏的大箭,刻上"宇都宫四郎赖成(业)"的箭标后,拉满弓用力射了出去。此箭射出三町有余(约300米),落在了在对岸指挥

---

① 间是长度单位,2间即4米左右。
② 伏与束是长度单位,除拇指外的1指的宽度为1伏,4指的宽度为1束。箭的标准长度是12束。

的山田重忠身边。大吃一惊的山田重忠紧急撤退。而且，宇都宫赖业还向从三穗崎（水尾崎）划船而来的美浓竖者观严等放出箭矢，射中了两个法师武者。观严等也招架不住败走了。

北条时房为避免箭矢耗尽，兵力损失殆尽，下令暂时停止进攻。血气旺盛的武士们最初没有发觉，后来也跟随大声传达命令的使者结束了河畔、桥上的战斗。濑田之战就是这样前所未有的激战。

宇治的激战

六月十三日，进军宇治的北条泰时布下阵营，具体地点，在《吾妻镜》中是"栗小山（栗驹山）"，在"古活字本"中是"岩桥"。北条泰时自身也做好了明日一早开战的心理准备。但是，三浦义村与足利义氏在没有告知北条泰时的情况下，就对宇治桥展开了进攻。宇治方面，源有雅、高仓范茂等院近臣作为京方大将军，率领着佐佐木广纲、其侄高重以及熊野、奈良恶僧等两万余骑（《吾妻镜》六月十二日条。"古活字本"中为"一万余骑"）京方主力严阵以待。京方的箭矢如雨点一般射来，镰仓方死伤惨重。

由宇治方面急报得知战争已经打响且伤亡惨重后，北条泰时冒着大雨赶往宇治桥。期间，双方的交战仍在继续，京方的奈良法师土护觉心、圆音二人，一边挥舞着大长刀，一边在宇治桥的桥桁上来回攻击。镰仓方的武士也一边自报家门，一边争渡桥桁，但由于不习惯桥上战斗，结果久攻不破，陷入苦战。见此场景，北条泰时同濑田的北条时房一样，下令暂时停止进攻。意气用事的武士们，最初还不肯弃战，不过很快还是听从指令中止了河岸、桥上的战斗。当晚，北条泰时等在平等院安营，进行了短暂的休整。

野口实认为，承久之乱中宇治川之战是"史上罕见的大激战"，《平家物语》中治承四年（1180）"桥合战"、元历元年（1184）"宇治川合战"的叙述也是以与承久宇治川之战及南都恶僧强诉有关的逸话为基础，并加以文学虚构创作而成的。可见，这是一次多么令人印象深刻的激烈战役。

北条泰时在做出无法渡河便无法攻破京方的判断后，翌日即命擅长游泳的芝田兼义寻找可能渡河的浅滩。由于前日的大雨，河水暴涨，波浪起伏。芝田兼义携南条七郎一起去了靠近下游的真木岛，并且，在水流一分为二的河滩附近威胁一位貌似本地人的老者，打听出了浅滩的位置。获得情报后，芝田兼义残忍地将老者杀害。这是为了防止情报泄露。《平家物语》中有佐佐木盛纲将告知藤户浅滩所在的当地人杀死的逸话。这很有可能是以芝田兼义的故事为蓝本创作的。总而言之，无论是什么年代，庶民都是战争的牺牲品。

将刀含在口中、赤身游至沙洲真木岛的芝田兼义，很快便发现对岸有敌人在防控。芝田兼义折回,将找到可渡河的浅滩的消息报告给北条泰时。卯时三刻(下午6点半左右),北条泰时命芝田兼义、春日贞幸等渡河,佐佐木信纲(广纲之弟)、中山重继、安东忠家等跟随其后。宇治川两岸间的最后激战即将展开。

激烈战斗,决出胜负!

　　六月十四日,佐佐木信纲骑着北条泰时下赐的骏马"御局"冲进宇治川,将芝田兼义的战马落下大概两段(约22米)远。并且,在即将到达沙洲前,高声报上了自己的名号,所谓"近江国住人,佐佐木四郎左(或右)卫门尉源信纲,今日宇治河之头阵"。继而,芝田兼义也同样大声自报家门,"奥州住人,芝田橘六兼能(义),今日宇治河之头阵"。见此场景,镰仓方的武士们也并驾齐驱冲入河中,而京方则放箭防守。但是,不管怎么说,此时的宇治川受大雨影响,不仅水位上涨,而且河水一片浑浊。十人中,二三人没等作战就被河水吞没溺亡。关左卫门入道、幸岛四郎行时、伊佐大进太郎、三善右卫门太郎康知、长江小四郎、安保刑部丞实光等96人皆因此丧命。

　　眼见难以获胜,北条泰时把长子时氏叫至身边,命其舍命速速渡河,攻入敌方军阵。北条时氏率佐久满家盛、南条时员等6骑与三浦泰村主从5骑一同进入宇治川。北条泰时也要驱马入水,结果,春日贞幸心生一计,打消了北条泰时的念头。乱后,春日贞幸的功名甚至胜过头阵,在镰仓获得了极高的评价。

北条时氏几乎与在沙洲上周旋的佐佐木信纲同时抵达对岸。佐佐木信纲用大刀将京方为阻止渡河而在河中拉下的绳索砍断,芝田兼义因战马中箭被河水冲走,但凭借其极佳的水性,最终游到了对岸。北条时氏高悬旗帜,拉弓放箭,镰仓方与京方的激战仍在继续。至此,镰仓方已有98人负伤。

其后,尾藤景纲命平出弥三郎破坏民宅,制作木筏。北条泰时、足利义氏等乘坐木筏渡过宇治川。同时,成功渡河的武士也开始增加,与迎击的武士或是两两交战,或是群战厮杀。

此外,《百炼抄》六月十三日条记载,"勇敢之辈,舍身弃命争渡真木岛,夺取兵粮,乘胜(镰仓方勇猛的武士们,拼命争渡宇治川的沙洲真木岛,夺取京方兵粮,获得胜利,士气高涨)"。对于激烈交战后精疲力竭的两军武士而言,夺取军粮、守住军粮是继续战斗的关键,关乎士气。成功夺取军粮的镰仓方因此士气大振也就可以理解了。

另外,乱后十月二十九日发出的"官宣旨"(2855号、2856号)中,朝廷"备前、备中两国宛赐武士,停止诸国诸庄之三升米之滥责(以备前、备中两国的赋税充当镰仓方驻留武士的兵粮,停止镰仓方在诸国庄园征收三升米的苛烈赋税）"。乱后尚且如此，想必乱中也一定存在苛征兵粮或强取豪夺的情况。前面的《百炼抄》记录就是生动还原这种现实的珍贵史料。

战况完全逆转。奈良、熊野的恶僧也或是被击败、诛杀，或是弃马逃跑。宇治的京方大将军公卿源有雅、高仓范茂也放弃防御逃离战场。八田知尚、佐佐木惟纲（广纲之子）、小野成时等重新拥立右卫门佐藤原朝俊为大将军，继续抗战，但也都精疲力竭先后战死。丢箭弃矢、溃不成军的京方在北条时氏的追击下逃进宇治川北边的民宅，结果，镰仓方武士对民宅放火，京方被迫投降。

另一方面，北条时房率领的镰仓方在濑田也取得优势，夜间，京方的大江亲广、藤原秀康、小野盛纲、三浦胤义等便弃阵返京。淀、芋洗方面，毛利季光、三浦义村也成功击败京方。宇治、濑田、淀、芋洗的激战以镰仓方的胜利告终。

宇治之战中取胜的北条泰时在深草河原安营布阵，接见了西园寺公经派来的使者三善长衡。北条泰时令其传达明日一早入京的口信，并命南条时员随三善长衡一同返京，负责守卫西园寺公经的宅邸。

后鸟羽的做法

另一方面，战败的京方武将陆续返回京都。其中，大江亲广在行至山城、近江的交界地，逢坂关东侧的关寺附近后便隐匿了踪迹。根据《吾妻镜》六月十五日条的记载，藤原秀康、三浦胤义等人寅时（下午 4 点左右）参上四辻殿，向后鸟羽上奏了宇治、濑田之战战败的结果以及镰仓方武士即将大举入京的形势。

另外，"慈光寺本"中，三浦胤义同源翔、山田重忠等一起在六月十四日半夜参上院御所高阳院殿。在高阳院殿的门前，三浦胤义上奏称："君已败战。请开门。请愿固守御所，严阵待敌，于御前，倾尽所能，誓死奋战。"但后鸟羽却回复说："三浦胤义等若闭守御所，镰仓方武士将会包围御所，对我进攻。此非我愿，今可速速退去他所。""稀代的帝王"未必是"贤王"。三浦胤义当场就惊呆了，对接受后鸟羽劝诱发起谋叛后悔不已。三浦胤义决意将自己的想法告知从淀路入京的兄长义村，借义村之手终结自己的性命，便进入了东寺。此后不久，镰仓方便开始入京。

京方武将最后的奋战

被后鸟羽拒之门外的京方武士们迎来了最后一战。源翔自报家门，"我乃何许人也。京城以西，摄津国十四郡，渡边党勇猛无双的千骑武士中无人不知，西面武士爱王左卫门翔是也"，与镰仓方武士一番苦战后，败往大江山。源翔大概在此处自尽了吧。山田重忠也报上名号，与镰仓方武士展开激战，一力绞杀镰仓方 15 骑。但由于自方军兵也死伤惨重,后退军至嵯峨深处,在与追击而来的天野左卫门的军队交战后,自杀身亡。

进入东寺的三浦胤义,发现攻破淀、芋洗要害,由淀路入京而来的兄长三浦义村的"黄村绀"(黄紫红。三浦氏的三色家徽"三引两")旗后,便高声驱马而来。"慈光寺本"中,三浦胤义先是倾诉了之所以追随后鸟羽发起谋叛是因为兄弟不和的心声,对于在和田合战中讨伐伯父(和田义盛)、自始至终都站在北条义时一方的三浦义村,则十分后悔将劝诱的书信送给了他。

但是,当时的三浦义村考虑"与愚者论战无益",便退避至朱雀大路与九条大路交汇的四墓附近。三浦胤义在与剩余的义村军队及三浦一门的佐原氏军队进行最后的交战后,便败走洛西木岛里,在"十五日辰时"[上午 8 点左右。《吾妻镜》中为"申时(下午 4 点左右)"]与其子重连双双自尽。世人皆为此二人之死惋惜。另外,据《吾妻镜》六月十五日条记载,三浦胤义的首级被从者带回了太秦的宅邸,其兄三浦义村找到后,送到了北条泰时处。

2   大乱后的京都

承久三年(1221)六月十五日,以北条时房、泰时为首的镰仓方东海、东山两道军实现了入京。根据仁和寺僧侣撰写的记录《承久三年四年日次记》同日条记载,辰时(上午 8 点左右),敕使小槻国宗在官掌二人、使部二十人等下级役人①的陪同下,在六条河原与镰仓方进行了会面。十分了解东国武士的中原俊职,即源实朝曾经的家司也在一行人中。北条泰时、三浦义村、堺常秀、佐竹能繁下马行礼,恭听敕定。其内容包括撤回"义时朝臣追讨之宣旨"、禁止在"帝都"中肆意妄为、一切经申请后由"圣断"裁决。北条泰时等作出回复,承诺停止武士参入御所。并且,三浦义村称受"关东之命""另行守护宫中",派出了大内守护赖茂之子右近将监源赖重等。

另一方面,《吾妻镜》同日条记载,辰时,奉院宣前来的敕使小槻国宗在樋口河原与北条泰时进行了会面。下马行礼的北条泰时在五千余勇士中召来了可以宣读院宣的武藏国住人藤田能国。藤田能国宣读的院宣内容是,此次大乱并不是依据"睿虑"即后鸟羽的意愿发生的,而是企图谋叛的"谋臣"发起的。事到如今,拟如北条泰时等人的申请颁布宣旨。可下令禁止麾下武士在洛中肆意妄为。其后,御随身秦赖武传达了后鸟羽的决定,称后鸟羽已经禁止武士参入院中。

---

① 官掌、使部是太政官内负责杂役的下级役人。

帝王的责任回避

敕使最重要的作用,是向镰仓方宣告撤回"义时朝臣追讨之宣旨"。《承久三年四年日次记》的叙述十分详细,而且切中要领。与敕使会面的也并非如《吾妻镜》所载仅有北条泰时一人,而是三浦义村、千叶氏堺常秀、佐竹氏能繁等多名有力武士。这些人中,三浦义村存在的意义可谓十分重大,因为北条义时将宫中守护这一特别任务交给了三浦义村。

另外,《吾妻镜》中特别值得注意的是,后鸟羽主张此次大乱并非起于"睿虑",而是"谋臣"的阴谋,其回避帝王的责任,将责任转嫁给家臣的意图显而易见。正是这种不负责任的姿态使三浦胤义等被拒之门外的武士们倍感失望、愤慨。然而,归根结底,帝王就是这样的一种存在。过去,后鸟羽的祖父后白河曾在源义经的胁迫下发出源赖朝追讨宣旨,犯下了十分失策的错误。而当北条时政作为责问使者上京时,后白河也采取了相似的应对,意图回避责任、转嫁责任。在第一章中曾经提及,这对祖孙之间存在诸多相似之处,这次也不约而同地采取了相似的行动。但是,作为发动大乱的始作俑者,后鸟羽所付出的代价却是其祖父无法比拟的。

北条时房、泰时等军队接到院宣后,在六月十五日巳时

(上午 10 点左右)抵达幕府在京都的据点"六波罗"。北条朝时率领的北陆道军稍后也进入京都。其入京时间,"慈光寺本"中是六月十七日,《百炼抄》中是六月二十日,《武家年代记》中是六月二十四日。也就是说,北陆道军比东海、东山两道军迟到了四五日。

残党的扫荡

六月十五日傍晚,京方的数处宿所被放火烧毁。根据《吾妻镜》六月十六日记录,当日曾举行合议商讨减轻对可疑之人的刑罚,并且此举获得了世人的称赞。例如,得知佐佐木经高(法名经莲)逃往鹫尾后,北条泰时即派出使者,向其告知将向关东申请恩赦。但佐佐木经高以此为耻,遂自裁。还有,追随高仓范茂参与宇治之战的清水寺僧侣敬月("古活字本"中为"镜月"),与弟子常陆房、美浓房一同被捕,将被处以斩刑。但当敬月向北条泰时献上"应敕舍身战沙场,宇治川流难立身(勅ナレバ　身ヲバ捨テキ　武士ノ　ヤソ宇治河ノ　瀬ニハタタネド)"的和歌后,就被减刑为远流①。这些事情似乎在世间广为人知,甚至被收录在了文永年间(1264—1275)文机房隆圆创作的琵琶乐书《文

---

① 流刑(流罪)是律令规定的五刑之一,依据流配地与京都的距离分为近流、中流与远流。

机谈》中。

但是,同《吾妻镜》中与敕使会面的记录一样,《吾妻镜》明显具有刻意赞扬北条泰时的一面。现实中,镰仓方进行了彻底的残党扫荡。根据《承久三年四年日次记》六月十九日条的记录,当日追讨逃亡"藤原秀康以下"的"宣旨"就被下发至"京畿诸国"。同日,被评价为"弓马、相扑之达者壮力过人之勇士"(《吾妻镜》同日条)的锦织义继在六波罗被佐野太郎等捕获,六月二十日,前章第3节提及的美浓源氏神地赖经在贵船附近被生擒。此外,六月二十八日,北条泰时下令命伊予国内武士诛伐京方的"张本"(罪魁祸首)之一伊予国河野通信。进入九月以后,六波罗收到消息,称藤原秀康、秀澄兄弟藏身南都,于是,北条时房派出家臣进行追讨。此二人一度逃至河内国,但最终还是在十月六日被捕。被遣送至六波罗后,藤原秀康、秀澄兄弟被处以斩刑。

对残党的扫荡持续了很长时间,六年后的《吾妻镜》嘉禄三年(1227)六月十四日条记载,六月七日,院近臣僧侣二位法印尊长在鹰司油小路被捕。尊长自行了断未果,六月八日被抬到六波罗后死去。此外,六月十四日,和田朝盛也被抓捕。第二章第2节中提及,和田朝盛是和田义盛之孙,以和歌同源实朝建立了非常紧密的关系。和田合战后逃亡的和田朝盛,为讨伐一族的敌人北条义时而加入了京方的队伍,乱后虽然隐匿了行迹,但还是在这一天被抓获。

功勋的判定

与扫除残党同时进行的,是北条时房、泰时等对镰仓方武士功勋的判定。这也是武士们最关心的大事。六月十七日,围绕宇治川之战的头阵,佐佐木信纲与芝田兼义在北条时房、泰时面前进行了激烈的争论。《吾妻镜》同日条记载,佐佐木信纲指出,率先进入宇治川的是芝田的战马,但所谓头阵以进入敌军阵营为准,而率先抵达敌军所在对岸的则是信纲。芝田兼义进行反驳,称佐佐木信纲之所以能渡过宇治川,有赖于其找到浅滩并加以引导,若佐佐木信纲不知道浅滩所在则全无可能抢先。于是,北条时房等向一起渡河的春日贞幸询问事情的经过,春日贞幸书写起请文①后,上交了证言文书。结果证明,佐佐木信纲比芝田兼义更先渡河。北条泰时唤来芝田兼义,告知他将向镰仓报告该内容,但芝田兼义无法接受这个判定结果。

此外,通常认为《平家物语》中佐佐木高纲与梶原景季关于宇治川的头阵之争,很有可能也是以佐佐木信纲与芝田兼义的“相论”(就各自主张进行争辩。诉讼)为基础创作的。不管怎么说,这场争论都非常生动地表现出了东国武士对头阵名誉、功勋恩赏抱有的强烈执着以及武士们拼命

---

① 向神、佛起誓所言不虚的文书。

战斗的真实活法。如果无法理解武士们的思想、无法统御武士们的行动，必然无法获得他们的支持。这大概是一个后鸟羽无法理解的世界。

另外，后藤基纲在关实忠、金持兵卫尉的协助下，制成了有功武士及战死武士的名簿，并上交给了北条泰时。《吾妻镜》同日条中记录了以下三种名簿："六月十四日宇治之战杀敌之人"，"六月十三、十四日宇治桥之战负伤之人"，"六月十四日宇治桥之战期间，过河之时，御方战死之人日记"。由第一个名簿可知，镰仓方杀死京方 255 人；由第二个名簿可知镰仓方负伤者共 132 人；由第三个名簿可知在宇治桥之战中镰仓方溺亡 96 人。这是一份向现在的我们传达此次战役之激烈程度的珍贵史料。作为论功行赏的依据，北条泰时六月十八日派飞脚将这些名簿送至了镰仓。

战胜的报告及北条义时的反应

在送出名簿的前两天，六月十六日，北条泰时向镰仓派出了汇报战胜捷报的飞脚，同飞脚在六月二十三日深夜丑时（夜里 2 点左右）进入了镰仓。《吾妻镜》同日条记载，当打开详细记录着与京方战斗取得胜利，天下归于静谧的经过的书信时，北条义时于公于私都非常高兴，喜悦之情无以言表。"慈光寺本"这样描述了北条义时异常的喜悦："现如今，义时无所思之事。义时之果报犹胜帝王之果报。此乃前世善行报于今生，然生为武士，身份低下，不足为报。"

一个月前的五月二十二日，北条义时下令命以嫡子北条泰时为先遣的镰仓方军队出击。之后，北条义时便先后在鹤冈八幡宫、胜长寿院、永福寺、大慈寺进行祈祷，祈愿战事得胜、世间太平。六月八日，北条义时宅邸的釜殿（釜是料理汤水、饭菜的器具，釜殿即放置釜的殿舍）遭到雷击，一人因此死亡。对此，北条义时心生畏惧，担心这是凶事的前兆。但大江广元却以奥州合战时军营也曾遭遇雷击为先例，认为没有担心的必要，而阴阳师们也都占卜出了"最吉"的结果。在无法预知未来的状况下，尽管北条义时做出了最好的选择与决断，但其内心却仍然十分不安。当捷报传来时，那种涌上心头的喜悦与安心定然无以言状。

大乱的战后处理

但是，北条义时等幕府首脑层不能完全沉浸在喜悦之中。因为还存在大量需要严格且迅速处理的乱后问题，如对以后鸟羽为首的京方公卿、殿上人的处罚，对朝廷人事的刷新等等。在接到捷报的六月二十三日当天，大江广元就依据文治元年（1185）平家灭亡时的先例制成了指示文书，翌日寅时（清晨4点左右）派使者安东光成送往京都。北条义时还十分谨慎、细致地将指示内容讲述给了安东光成。

根据"慈光寺本"记述，北条义时做出的指示包括以后鸟羽兄"持明院之宫"守贞亲王为院,以守贞之"三郎宫"茂仁亲王为下任天皇,"本院"后鸟羽流放隐岐国,"宫宫"雅成、赖仁亲王由"武藏守"北条泰时裁断流配适宜之处,公卿、殿上人遣送关东,公卿、殿上人以下身份的众人一律杀无赦;禁止在京都肆意妄为,特别确保"近卫殿下"家实、"九条殿下"道家、"七条女院"殖子、"六条院"、"仁和寺之宫"道助法亲王(法亲王是在出家后得到亲王宣下的皇子)、"德大寺大臣殿"公继、"中山太政入道殿"赖实、"大宫大将殿"公经等人的安全。违令者,即便是镰仓方也处以斩首。这样的叙述应该是以实际实施的战后处置为基础的。

不过,在镰仓的指示送到京都前,北条时房、泰时、三浦义村等驻留京都的镰仓方已经开始采取行动。《承久三年四年日次记》六月十九日条记载,当日后鸟羽移至四辻殿,土御门、顺德及雅成、赖仁两亲王返回了本来的御所。这是因为镰仓方怀疑院御所高阳院殿内还残存京方之辈。翌日,仲恭天皇也还御闲院内里。另外,《吾妻镜》《百炼抄》《公卿补任》记载,依据北条时房、泰时的申请,六月二十四日,被认定为"合战之张本公卿"的藤原光亲、源有雅、中御门宗行、高仓范茂,翌日坊门忠信、一条信能、僧人长严、观严被移送六波罗,并由武田信光、小笠原长清、小山朝长、北条朝时、千叶胤纲、结城朝光、远山景朝等有力御家人负责看管。

六月二十九日,镰仓使者安东光成进入六波罗。北条时房、泰时、三浦义村、毛利季光等举行评议,对指示的内容进行执行。首先,七月一日,朝廷根据幕府的申请发出宣旨,下令对"张本"公卿以下断罪。随后,北条泰时命负责看管公卿的武士们将这些公卿护送至关东。翌日,以西面武士的身份加入京方的御家人后藤基清、五条有范、佐佐木广纲、大江能范被处枭首。

后高仓院与后堀河天皇

七月九日,朝廷举行了仲恭向茂仁让位的仪式。是为10岁践祚的后堀河天皇。前日的七月八日,持明院入道行助即守贞亲王作为治天之君开始了院政,所谓后高仓院政。前关白近卫家实代替九条道家出任摄政。

野口实认为,在对宫中的乱后处理中,三浦义村发挥了最重要的作用。如前所述,北条义时将"可另守护宫中"的特别任务交给了三浦义村。而且,将在北白河殿中平静度日的茂仁亲王"强行带出,拜请"(《贺茂旧记》),令其践祚的,以及在将后鸟羽的所领进献给后高仓院时,进言"武家要用之时,可返还"(《武家年代记》下之背书)的,都是三浦义村。《吾妻镜》将焦点集中在北条泰时身上,倍加称颂,但实际上恰如野口实所指,三浦义村才是至关重要的人物。

此外,在幕府的乱后处理中,给世人造成巨大冲击的无疑是将后鸟羽流放隐岐国。作为具有超乎常人能力且多才多艺的文化巨人,作为凭借公认强大的权力及权威君临的帝王,被武家从京都流放至偏远的孤岛。当时人们所受到的冲击必然是我们现代人完全无法想象的。

但是从历史的角度来看,更加令人注目的,是幕府决定了新的天皇与院。院政期,掌握选定天皇人事权的是治天之君。但是,却发生了治天之君被幕府处以流刑这一史无前例的异常情况。结果,在获得压倒性胜利的幕府面前,王家、摄关家、公卿们的合议变得毫无意义,天皇、院的人事权被幕府掌控手中。

另外,成为院的守贞亲王在寿永二年(1183)因与其兄安德一起被平家带去西海,结果未能继任天皇位。平家灭亡后,返回京都的守贞亲王被交由后白河之姐上西门院抚养。其后,守贞亲王与上西门院的乳母之子持明院基家的女儿结婚,居住于持明院殿,出家后称持明院入道行助。幕府令守贞的皇子茂仁践祚,而守贞作为其父则成为治天之君,开始实行院政。没有即位天皇却直接成为治天之君,在日本史上仅有守贞一人。

幕府这样破例的举措,说明天皇的直属尊系作为治天之君主宰政治的政治形态即院政,已经在社会中形成定例,同时,从守贞到茂仁的让位,还表明了幕府拥立与后鸟羽不同皇统的强烈意志。

此后,院政这种政治形态仍然持续了很久,但是与白河、鸟羽、后白河、后鸟羽四代时期的院政不同的是,武家处于优势地位。因此,可以说在幕府主导下实现的后高仓院政以及后堀河的践祚,具有划时代的重大历史意义,是时代的转折点。

胜因、败因的最终分析

在看战败的后鸟羽、贵族及武士们的命运之前,让我们再次分析一下镰仓方取胜与京方失败的原因。按照前章中的分析,当时后鸟羽采取二重、三重的攻势战略,发出了追讨北条义时的院宣与官宣旨,对此,幕府方面也积极地以攻势进行回应,从使者处夺取院宣、官宣旨,在将情报藏匿后,采取迎击而非防守的战略,命令大军出击。

并且,在惊天动地的意外事态下,镰仓方以"镰仓团队"的方式发挥出了十二分的团结力与综合实力。相反,由于在所有方面都构成巨大存在的后鸟羽独断专行,京方仅发挥了"后鸟羽一人团队"的力量,帝王缺乏对武士现实认识的弱点直接暴露为京方的弱点。结果,本不草率也不乐观的战略却生出破绽,尽管后鸟羽先发制人,却反而陷入劣势。

不过,此时战争尚未打响。双方交战过程中,京方仍有机会挽回劣势。比如,在接到镰仓方出击的消息后,后鸟羽若立刻制定官宣旨的加强策略，大量动员畿内近国、西国的武士，抑或将兵力集中于前线某处，挫伤镰仓方气势，争取时间的话，很有可能使战争发展成为镰仓方最为忧惧的持久战。但是，后鸟羽的初期对应却十分缓慢迟钝。

于后鸟羽而言，作为君临各方势力之上的君主，不惜中断再建象征王权的大内里对北条义时进行追讨，大概对取胜充满信心。当然，这只是后鸟羽的主观认识，全无任何客观的根据。然而，这样的想法越是强烈，当遭受出乎意料的反击时，初期对应就会越迟缓。而且，后鸟羽并没有实战的经验。后鸟羽不仅对镰仓与东国武士缺乏现实认识，而且对战争也全无真实的认知，这无疑是很大的问题。

另一方面，镰仓方在不久的八年前，即建历三年（1213）的和田合战中经历了激烈的战斗。北条义时、泰时、时房、三浦义村以及女性北条政子、文士御家人大江广元、三善康信等人也都体验过命悬一线的危险。正是因为有这样的实战经验，所以镰仓方前线的指挥官们可以根据战况做出准确的指示。在美浓之战中，北条时房察觉到武田、小笠原二人军心不稳时，提出具体恩赏，防倒戈于未然，即是非常典型的例子。

京方中也有大内惟信、五条有范、后藤基清、佐佐木广纲等身经百战的勇士，但在检非违使、武者所（负责警卫内里、院御所的机关）、西面等处侍奉的武士中，仅有三浦胤义等个别武士经历过和田合战的激战。而且,藤原秀康、秀澄兄弟等前线指挥官也都是后鸟羽身边缺乏实战经验且惟命是从者。因此,不仅将原本就为数不多的兵力分散于数处要害,而且还出现了驳回像山田重忠一样熟知当地情况的在地武士献策的失误。在宇治、濑田之战中,大雨过后河水上涨,这样的自然条件使京方获得了优势,战役进入激战局面,但结果京方还是束手无策并最终败走。总而言之,在双方交战的过程中,京方再次亲手放弃了可能实现逆袭的选项。

由此可见,在第三章分析结果的基础之上,加上实战经验的有无、对战争现实认知的有无,便构成了决定战乱整体胜负的原因。

3　败者的命运

后鸟羽的命运

幕府对后鸟羽的处置,是将其流放至远离京都的隐岐岛。承久三年(1221)七月六日,后鸟羽被从洛中的四辻殿转移至洛南的鸟羽殿。在后鸟羽乘坐的牛车之后,是骑马随行的西园寺实氏、藤原信成、藤原(伊王)能茂三人。鸟羽殿同水无濑殿一样,是后鸟羽经常为游兴而来的离宫。但是,此次御幸之时,后鸟羽却已是囚徒之身。君臣双方都难免心中悲痛。

　　七月八日,后鸟羽令肖像画名手藤原信实绘制了御影,即现藏于大阪府三岛郡岛本町水无濑神宫的肖像画(参照"前言"部分的后鸟羽院画像)。其后,后鸟羽以其子仁和寺御室道助法亲王为戒师落发出家。其母七条院殖子在恳求守卫武士获许后与后鸟羽短暂相见,后强忍泪水离去。

　　"慈光寺本"中,七月十日,北条泰时之子"武藏太郎时氏"参上后鸟羽殿,用弓的一角撩开御帘,对后鸟羽催促道:"君已被处以流罪,请速出。"后鸟羽甚至没能做出任何回应。但当再次受到催促时,却提出了再见一次宠臣"伊王左卫门能茂"的要求。北条时氏将后鸟羽的要求以书信的方式报告给了北条泰时,于是,北条泰时责令能茂出家后去往鸟羽殿。后鸟羽看到落发后的能茂,一边说着"卿已出家,那我现在也改变一下样子吧",一边以仁和寺御室为戒师出家,并将剪落的发髻(束于头顶之上的发髻)送至七条院处。见到其子发髻的七条院放声痛哭,悲恸异常。这里所见的不再是矢志成为正统帝王、君临于各方势力之上的稀代帝王,也不是多才多艺的文化巨人,只有成王败寇、让人怜悯的败者。

去往隐岐的旅途

　　七月十三日,后鸟羽从鸟羽殿踏上了被移送隐岐岛的旅途。据"慈光寺本"记载,伊东祐时负责押送,令后鸟羽坐上了"四方逆舆"。落座的方向与舆前进的方向相反,这是移送犯人的作法。随行侍奉的只有"伊王左卫门入道"藤原能茂,坊门信清之女、赖仁亲王之母"西御方"(坊门局)等两三名女眷,以及为防途中不测、暴毙而配备的一位僧侣。《吾妻镜》中,"内藏头(高仓)清范入道"也跟随同行,但在途中被招回,为此,"施药院使(和气)长成入道"与"(藤原)能茂入道"追赶而来随行。总而言之,除护送的武士以外,仅有少数随行侍奉的人。

依据"慈光寺本",一行人一边遥想水无濑殿一边前行,经过播磨国、美作国、伯耆国,历时十四日左右到达了"出云国大滨凑"。另据《吾妻镜》七月二十七日条记载,后鸟羽抵达出云国大滨港后,换乘船只。武士们则多数由此返京。趁此机会,后鸟羽向母亲七条院及宠妃修明门院重子寄送了和歌。

另一方面,"古活字本"中有"出云国大八浦""见尾崎"的地名。并且,《吾妻镜》八月五日条还记载着"上皇,遂着御隐岐国阿摩郡苅田乡"。综合这些记录来看,从"大滨"乘船至"见尾崎"的后鸟羽,大概在此地因风滞留了一些时日,八月五日,再次乘船渡抵隐岐岛。

顺德、土御门及两亲王的命运

赞同后鸟羽的顺德,在七月二十日被流配佐渡国。一条能氏、藤原范经、上北面的源康光及两名侍女随行。不过，途中一条能氏患病返京，藤原范经也因重病滞留在了越后国寺泊浦。七月二十四日六条宫雅成亲王被流放但马国，翌日冷泉宫赖仁亲王被流配备前国。

另外，顺德之兄土御门尽管没有在乱中协力京方，但闰十月十日，也被流放土佐国（后改为离京都较近的阿波国）。源定通唤来土御门乘坐的牛车，令源雅具、俊平及四位侍女随行。《吾妻镜》同日条记载，土御门并未被处以流刑，但数日后，土御门却依自身"睿虑"突然迁幸"南海"。于是，承久之乱便迎来了所谓"三上皇配流"，即三位院被处以流刑的史无前例的结局。

京方贵族、僧侣们的命运

幕府对从属京方的贵族、僧侣们也断然实施了处罚。"慈光寺本"中，北条义时的指令是"公卿、殿上人等可下向关东"。但现实却是十分严酷。多数贵族都在下向坂东途中被斩首。《吾妻镜》、"慈光寺本"、"古活字本"的叙述记录下了这些人生命的最后时刻。

承久三年（1221）七月五日，远山景朝负责押送的一条信能在行至美浓国时，在远山庄被斩首。一条信能笃信西方净土，时时念佛，据说在他临死之前出现奇迹，天空中出现美丽的紫色云彩，空气中萦绕怡人的香气，空中还响起了乐曲。"慈光寺本"记载，一条信能的侄儿一条能继在被流放至丹波芦田后，也被斩首。

小山朝长负责押送的中御门宗行在行至远江国菊河驿后，七月十日，一夜未眠，一人静静地面向窗口诵读《法华经》，并在宿驿的柱子上刻下了"昔南阳县菊水，汲下流延龄。今东海道菊河，宿西岸失命（过去，在中国的南阳县菊水，据说汲下流之水可延年益寿。今天，在日本的东海道菊河，宿于西岸的我丧命于此）"的汉诗。中御门宗行曾经为后鸟羽讲授《贞观政要》，而这首汉诗也引用了中国的典故，非常符合他的风格。

七月十二日，藤原光亲由武田信光押送至骏河国，在加古坂（笼坂峠）被斩首，享年46岁。备受荣宠的藤原光亲尽管多次劝谏后鸟羽，但都未能奏效，进退维谷的藤原光亲最终负责了追讨宣旨的执笔。后来，北条泰时在院御所发现了谏言的申状，对处斩藤原光亲追悔不已。

七月十三日，中御门宗行在经过骏河国浮岛原后，遇到了为主人收敛遗骨的藤原光亲从者。原本中御门宗行还抱有一丝希望，但在听闻了与自己同罪之人的命运后，便意识到自己也必死无疑，便在黄濑川宿休息时写下了觉悟赴死的和歌。

> 今日纵过浮岛原，耳闻之处无归路。
>
> （今日スグル　身ヲ浮島ノ　原ニテモ　ツキノ

道ヲバ　聞サダメツル）

和歌大意是,心怀侥幸逃生的妄念苟且偷生,但今日即便经过浮岛原也再难逃一死,觉悟死期,静心赴死。这首和歌还被收录在了《吾妻镜》《六代胜事记》《海道记》中。翌日,中御门宗行在骏河国蓝泽原被斩,享年47岁。据说,中御门宗行至死都在诵念《法华经》。

七月十八日,北条朝时押送的高仓范茂在足柄山脚下相模国早河沉河而死(用竹席裹身,绑上重石沉入河底)。"慈光寺本"记载,高仓范茂称"死于刀剑之下者,堕入修罗道,请许范茂沉河",自己向北条朝时提出了请求。于是,"编大笼,沉河"。在写给其妻的遗书中,高仓范茂留下了这样的辞世和歌:

早河之水,千寻之遥。与妻一别,永分天人。

（遥ナル　千尋ノ底へ　入時ハ　アカデ別シツマゾコヒシキ）

和歌大意是,当沉入遥远的千寻水底时,无比想念在京都分别的妻子。

七月二十九日,由小笠原长清押送的源有雅在行至甲斐国时,称与北条政子有些渊源,已经向政子请求赦免,希望暂缓执行死罪,但小笠原长清没有应允,在稻积庄小濑村将源有雅处斩。源有雅终年46岁。后来,据说真的传来了北条政子赦免其死罪的书状。真所谓亡魂遗恨。

　　加入京方作战的僧侣们也都被断罪。如前所述，一度逃亡的二位法印尊长在嘉禄三年（1227）六月被捕后自尽。尊长是一条信能的兄弟，不仅执行了诅咒关东的祈祷，而且还和信能一起奔赴了芋洗的战场。参与宇治之战的熊野恶僧小松法印（亦称田边法印）快实也被捕，并在六月二十五日被斩首。从三穗崎乘船参与濑田之战的比叡山延历寺恶僧美浓竖者观严也被捕，被交由结城朝光看管。尽管没有明确的史料记载，但想必很快也被处斩了。

免于一死的人们

　　另一方面，也有人免于一死。坊门大纳言忠信被千叶胤纲押送至远江国舞泽后，八月一日被赦免回京。坊门忠信虽然是淀渡的大将军，但由于他是源实朝正妻西八条禅尼之兄，与幕府存在"强缘"（与当权者有渊源），因此被赦。

　　由清久行盛负责押送的大监物源光行在行至镰仓金洗泽时，其在幕府出仕的嫡子，向西园寺公经的犹子、北条义时女儿之夫一条实雅请求救其父一命。结果，一条实雅的斡旋发挥作用，源光行的死罪被赦免。

　　另外，后鸟羽的护持僧（为天皇、院、将军祈祷安稳的僧侣）刑部僧正长严由于在乱中为京方祈祷，在九月十日被发配陆奥国。同日，为京方祈祷的神官贺茂社祢宜祐纲、神主能久分别被流放甲斐国、镇西。

新兴的院近臣家

以上就是被断罪的贵族与僧侣们的命运。其中，并不包含摄关家、西园寺家、德大寺家等传统的公卿家族，基本都是一条家（与五摄家之一的一条家不同）、坊门家、高仓家等新兴的院近臣家出身的贵族。

一条家中，能保是信能、尊长、实雅的父亲，因娶源赖朝同母妹为妻，与幕府建立了亲密的关系，并且出任京都守护，在京都政界势力强大。能保与其长子高能在建久八年、九年(1197、1198)相继去世后，受源通亲及三左卫门事件（一条家三名武士袭击源通亲未遂事件）的影响，一条家一度失势，但由于其与后鸟羽、顺德间的人脉联系，最终还是实现了势力的恢复。

另外，一条家与源实朝的关系也是很好。源实朝升任左近卫大将与右大臣的拜贺仪式上，实雅、信能与高能三子能继、能氏、赖氏五人全部列席。但是，由于源实朝横死，同后鸟羽一样，信能、能继以及尊长的命运都发生了重大变化。

坊门家是在忠信的父亲信清时期作为后鸟羽的近臣快速成长起来的。后鸟羽的母亲七条院殖子是信清的姐妹，信清的三个女儿中，坊门局进入后鸟羽的后宫，位子进入顺德的后宫，西八条禅尼是源实朝的正妻，信清本人也官至内大臣。忠信虽然官至权大纳言，但最终却与后鸟羽同命运。

高仓家也是因与后鸟羽建立了亲密关系而抬头的院近臣家。在早河沉河的范茂之父范季是后鸟羽的乳母卿二位兼子、刑部卿三位范子的养父，也是为后鸟羽诞下顺德、雅成的宠妃修明门院重子的生父。可以说，与后鸟羽间存在十分密切的关系。而且，范茂与重子的母亲是平教盛（平清盛之弟）之女，范茂的妻子是平知盛（平清盛之子）之女，与平家幸存者之间的关联也十分密切。正是因此，有观点认为这是高仓家对幕府抱有敌意的原因之一。高仓范茂与后鸟羽休戚与共，一同荣华，一同毁灭。

京方武士的命运

京方武士们的命运也十分残酷。前文提及，罪魁祸首藤原秀康、秀澄逃亡后，在河内国被捕并被处刑，勇猛奋战的山田重忠、源翔、三浦胤义先后自尽。关于山田重忠，镰仓中期的说话集《沙石集》中有这样的评价："武艺受世人认可，内心勇猛过人，思虑深远，理解民之愁苦，万般皆优的武士。"源翔是酒吞童子传说中有名的源赖光四天王之一，是摄津国渡边党渡边纲的末裔。"慈光寺本"记载，源翔"落大江山"。"大江山"是民间传说展开的舞台，源翔最终落难至此可以说十分有趣。关于三浦胤义，"古活字本"记述了其幼子被处刑的悲惨故事。

另外，前文已述，既是幕府御家人又是西面武士，即同时从属于朝廷与幕府的后藤基清、五条有范、佐佐木广纲、大江能范都被枭首。此外，同时从属于朝廷与幕府的京方武士还有不少，如大内惟信、小野盛纲、大江亲广、佐佐木经高、高重父子等。

关于大内惟信，据《明月记》宽喜二年（1230）十二月十四条记载，他化身法师潜藏在比叡山日吉社，被六波罗逮捕。"慈光寺本"中，大内惟信出家后进入比叡山，最终被捕并被流配西国。清和源氏义光流的大内氏，在惟义时期随源赖朝举兵，作为源氏一门的有力御家人十分活跃。元久二年（1205）平贺朝雅因牧氏事件被诛杀后，其子惟信继承了平贺朝雅的伊贺、伊势守护之职，加上由其父处继承的美浓守护，共兼任三国守护职。建保四年（1216）源实朝加强将军亲裁时，大内惟信还出任了政所别当之职，在协调后鸟羽与源实朝间的朝幕关系方面发挥了重要作用。但在源实朝横死后，多数时间在京的大内惟信选择站在了后鸟羽一边。

小野盛纲出自武藏七党之一的横山党小野氏。小野盛纲的父亲成纲是源赖朝时代出任尾张守护的有力御家人。继承了尾张守护职的盛纲，还受幕府的优待被推荐出任了下总守。但在建历三年（1213）的和田合战中，小野氏所属的横山党因支持和田义盛而大受打击，这大概是小野氏对北条氏心怀反感的原因。小野盛纲的侄儿成时也加入京方阵营，在宇治之战中奋战到最后并战死。"佐野本系谱"中"候京方故，被诛"的记述说明，小野盛纲在乱后被诛杀。

大江亲广是大江广元的嫡子，承担了辅佐其父联络朝幕关系的职责。源实朝横死后，受幕府之命上京出任京都守护之职。在承久之乱爆发前，迫于后鸟羽的压力，加入了京方。宇治之战后，逃至逢坂关东部的关寺附近，后行踪不明。有人说他死在这里，也有人说他逃到了出羽国所领寒河江庄并死在了那里。

关于佐佐木经高、高重父子，前文提及，经高在逃到鹫尾后自尽。而重高，根据《吾妻镜》承久三年（1221）六月十四日条的记载，也被诛杀。佐佐木氏四兄弟定纲、经高、盛纲、高纲曾随源赖朝举兵，是幕府的有力御家人。定纲的长子广纲既是御家人也是西面众，四子则是作为镰仓方在宇治川之战中勇夺先锋的信纲。定纲、光纲父子是近江守护，广纲兼任山城守。经高、高重父子是淡路、阿波守护。他们大多时间都在京，元久二年（1205）闰七月，受幕府指令诛杀平贺朝雅的在京御家人中即有广纲、高重。另一方面，与兄长广纲不和的信纲加入镰仓方，在乱后继承了近江守护之职。另外，"慈光寺本"、"古活字本"、《吾妻镜》中记载了这样一段悲惨的故事，广纲之子、仁和寺御室道助法亲王的宠童势多伽丸原本被北条泰时赦免了死罪，但遭到信纲反对，最终在交给信纲后被斩首。以上，就是京方武士中在京御家人的命运。

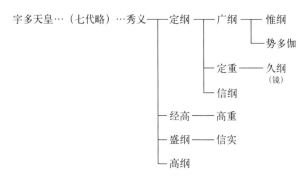

佐佐木氏略谱

但是，无论是不得不与后鸟羽同样背负败者命运的新兴院近臣家的贵族们，还是在京武士们，乃至于北条义时、泰时、时房以及政子等人，在 800 年前的当时，都无法预知未来将会发生什么。无论是胜者还是败者都无法预见自己的命运。800 年后的今天，尽管我们知道他们当时的选择、决断带来了什么结果，但生活在和平世界中且没有遭遇过性命堪忧的危机的我们，恐怕不能轻易地对此加以批判或非难。我们能做的，是客观地分析胜败的原因以及评价他们所做出的选择与决断的真正意义与价值。

第六章　乱后的世界

1　新时代的政治

六波罗探题与西国守护

从承久三年(1221)六月中旬开始,北条泰时、时房以及三浦义村便在京都全力处理乱后问题,据点就是六波罗。六波罗是平家一族修建宅舍的地方,在平氏灭亡后作为没官领被赐给了源赖朝,并成了幕府在京都的据点。北条泰时、时房常驻六波罗,负责与朝廷的交涉、京中及周边的治安维持。贞应三年(1224)、翌年嘉禄元年(1225),北条泰时与时房先后返回镰仓,继二人之后进入六波罗的,是继任北方的北条泰时嫡子时氏与继任南方的时房嫡子朝直以及后来的时盛。其后,六波罗便由北条氏一门一名或两名常驻,负责指挥西国的守护与御家人。这就是幕府统治西国的驻外机构——六波罗探题(北方与南方两探题)。

六波罗探题很快就开始行使独立的裁判权。但是,如果对判决结果不认可,也可以向镰仓提起诉讼。同时,当事人希望和解时,需要得到镰仓对和解内容的认可,获得幕府下发的关东下知状(镰仓的执权、连署受将军之命下发的命令文书)。简言之,与乱前自行与后鸟羽朝廷结合的在京御家人不同,六波罗探题始终是幕府的驻外机构,服从幕府指令,并受到严格的管制。这是与乱前截然不同的,在维系发生逆转的公武关系方面具有重大意义。

另外,被纳入六波罗探题指挥之下的西国守护也发生了显著变化。幕府没收了京方在京御家人的守护职,并分配给了重要的东国御家人。例如,山阳道方面,安保实员、小山朝政先后代替后藤基清成为播磨守护;山阴道方面,法桥昌明代替安达亲长成为但马守护,武田信光代替宗孝亲成为安艺守护;南海道方面,长沼宗政代替佐佐木经高成为淡路守护;三河以西的东海道方面,中条家长代替小野盛纲成为尾张守护,北条时房代替大内惟信成为伊势守护;美浓以西的东山道方面,佐佐木信纲代替广纲成为近江守护。而且,为院的熊野诣提供经费而停止设置守护职,即在"仙洞御计"下被编入后鸟羽管辖之下的和泉、纪伊两国也增设守护职,分别由逸见氏、三浦义村出任。镰仓中期以后,由北条氏家督及北条氏一门出任的西国守护也进一步增加。

新补地头与新补率法

京方贵族、武士的所领三千余处也被没收,并作为恩赏封赏给了镰仓方的御家人。获得新恩封赏的东国御家人,作为新补地头陆续迁徙到了西国的没收地。通过这些所谓的西迁御家人,幕府的支配权扩张到了西国。但是,由于地头在西国的得分(收益)原则上仅限对谋叛人遗迹的继承,因此在主张得分太少、希望引入东国惯例的地头侧与主张沿袭现地先例的本所、领家侧间便频繁出现纷争。

于是,幕府在贞应二年(1223)六月向朝廷请求以宣旨的形式决定新补地头的得分比率。宣旨规定,以总田数的十一分之一为地头得分(地头给),并且地头可以对其他田地以每段(亦作"反",约 10 公亩)5 升的基准征收"加征米"。这就是所谓的新补率法。此外,幕府还规定山野河海收获物的一半、犯罪者没收物的三分之一为地头得分。但是,采取新补率法还是沿袭现地的先例,则由地头自行判断选择。经过承久之乱后,中世的庄园公领制即引入地头制、横跨公武的土地制度基本形成。

在承久之乱中取胜的幕府,通过在京都设置六波罗探题、任命东国御家人为新的西国守护、令御家人作为新补地头移居西国、以宣旨决定的新补率法等，将支配关系切换为全国规模，大幅刷新势力地图，引起了很大的社会变动。正是由于后鸟羽是十分巨大的存在，因此打倒后鸟羽的幕府自然成为超越其上的存在。不管是朝廷的贵族，还是西国的人们，抑或幕府的御家人都能切实感受到这一点。

西园寺公经与九条道家

朝廷方面，后高仓在承久三年（1221）至贞应二年（1223）去世之前，施行了大约两年院政。后高仓死后，年轻的后堀河开始施行亲政。但是，真正掌握朝廷政治实权的，是在承久之乱爆发前被后鸟羽幽禁甚至性命堪忧的西园寺公经。乱后的闰十月，受到幕府支持的西园寺公经出任内大臣，翌年贞应元年（1222）八月升任太政大臣，超过了其父实宗的极官。贞应二年（1223）一月，叙从一位，四月辞任太政大臣，但仍然受到幕府的绝对支持，负责朝幕间的交涉，继续占据着朝廷政治的中心。西园寺公经的地位很快就演变成了关东申次这一正式官职。

与西园寺公经缔结姻亲关系、精诚合作的，是摄关家九条道家。九条道家在承元二年（1208）与西园寺公经之女抡子成婚，先后生育了教实、良实、薮子以及下向镰仓的三寅。但是，九条道家与后鸟羽、顺德的关系也十分密切。压制近卫家势力的后鸟羽,成为九条家年轻当主道家的后盾。而且,九条道家的姐姐立子进入顺德后宫,并诞下了怀成亲王(后来的仲恭天皇)。在怀成亲王践祚后,外戚九条道家即成为摄政。

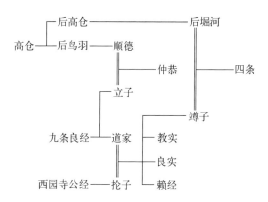

王家、九条家、西园寺家关系谱

承久之乱爆发后,尽管九条道家采取了静观的态度,但由于其与后鸟羽、顺德的关系,乱后九条道家还是不得不辞去了摄政之职。关于继任摄政(后改为关白)的人选,西园寺公经在幕府的授意下选择了近卫家实。而九条道家则暂时退出了政治舞台。

赖经的将军宣下与道家的政界回归

不过,九条道家很快就迎来了转机。贞应三年(1224)

六月,北条义时突然去世。北条泰时随即赶回镰仓,但北条义时未亡人伊贺氏却策划拥立一条实雅为将军,以其子政村为执权(伊贺氏事件)。北条政子凭借其强有力的指导力,成功扼杀伊贺氏的阴谋,北条泰时顺利继任第三代执权。然而,北条政子也在翌年嘉禄元年(1225)七月去世。一个月前的六月,大江广元也去世了。北条义时、政子、大江广元分别享年62岁、69岁、78岁。源实朝去世后实质上操控幕府的北条义时,在背后进行支持的大江广元以及作为尼将军凝聚御家人、构成幕府对外颜面的北条政子,这三个人的相继离世意味着一个时代的终结。

享禄元年(1225)十二月二十日,执权北条泰时将三寅迁至在若宫大路附近的宇都宫辻子新建的御所,翌日,在御所召集连署(执权的辅佐之职)北条时房以及有力御家人进行了评议始。这就是由执权、连署、评定众共同运营政治的执权政治的开始。二十九日,三寅以北条泰时为加冠役、理发役完成了元服仪式,改名赖经。继而,幕府向朝廷申请了赖经的任官与将军宣下,嘉禄二年(1226)一月二十七日,赖经叙任正五位下、右近卫少将、征夷大将军,是为9岁的摄家将军。九条道家回归政界的外部条件由此完备。

安贞二年(1228)十二月,迫于为九条道家复归筹谋的西园寺公经与赖经幕府的压力,近卫家实辞去关白之职,九条道家取而代之。九条道家令其女、公经之外孙蹲子进入后堀河后宫,宽喜二年(1230)二月,竴子被立为中宫(女院号为藻壁门院)。此后的一段时间,道家同公经协作主导朝廷政治。

宽喜的饥荒与朝廷的德政

宽喜二年(1230),六月飘雪,七月降霜,出现了一系列异常的气候现象,日本全国都遭遇大饥荒。时至翌年,饿殍满巷,疫病蔓延,治安极度恶化。是为宽喜饥荒。无论是朝廷还是幕府,都面临着施行德政(仁政或善政)的现实要求。

朝廷方面,从宽喜二年(1230)的年末到翌年,发布"新制"(根据天皇、院的旨意,经公卿议定后发出的特别法令),要求在年中行事中厉行节俭。翌年(1231)二月,在九条道家之女竴子为后堀河产下皇子秀仁后,在道家的主导下,朝廷围绕应对饥荒的祈祷、改元、俭约、赈给(向受灾者、高龄者支给稻谷、布、盐等进行赈济的制度)展开审议,并在同年十一月三日发布了 42 条宽喜新制。

但是,新制的内容以厉行"诸社祭礼、年中神事""恒例、临时佛事""恒例、临时公事",禁止衣服、仪式"过差"(过度的奢侈)为中心,以解救饱受饥荒之苦的黎民为目的的政策仅有"可兴行赈给、施米事"一条。治安政策方面,追讨诸国海陆盗贼的命令,不仅下达给了各国国司,而且也传达给了"左近卫权中将藤原赖经朝臣",即幕府将军赖经。道家主导的德政在继承朝廷传统政策的同时,也反映了承久之乱后的朝幕关系以及治安、警察政策依赖幕府的现实。

当然,在这个时代,兴行神事、佛事,使神佛之威光普照,切实地执行朝廷的仪礼、行事等公事,是实现国家安泰、五谷丰登必不可少的。但是,当人们在现实中饱受饥饿煎熬时,花费巨额的费用举行各种仪礼,无论如何也谈不上"抚民"。

幕府的德政与《御成败式目》

另一方面,幕府的德政由执权北条泰时主导。宽喜三年(1231)一月二十九日,北条泰时发出俭约令,禁止在幕府出仕的人"过差"。继而,三月十九日,下令对伊豆、骏河两国的饥民发放出举米(贷米)。《吾妻镜》翌年三月九日条中,"伊豆国仁科庄之土民等,依饥馑及饿死之间,非心抛农业之计之由,愁申武州(武藏守泰时)之御方。仍出举三十石可下行(中略)此事已及数度[伊豆国仁科庄的庄民向北条泰时愁诉,因饥荒几乎饿死,不得不放弃农耕。于是,北条泰时下令,向饥民借贷30石米。(中略)这样的措施已经施行数次]"。可见,北条泰时主导的幕府德政才是真正的"抚民"德政。

另外,从宽喜三年(1231)四月到翌年贞永元年(1232,四月二日改元)四月,北条泰时接连颁发法令,如"盗贼之赃物(盗物)之事""强盗杀害人之事""诸国新补地头之得分之条条""诸社祭之时,飞砾之事""诸国守护人、地头,不承引六波罗之召文下知之事""诸国守护人奉行之事""海路往返之船之事""京都大番役之事"等。其中,关于治安维持及守护、地头的条令居多,可见,幕府的德政不仅具有抚民的意义,还兼有统治御家人、保护御家人的性质。

《御成败式目》(亦称《贞永式目》)是幕府德政的极致。《吾妻镜》贞永元年(1232)五月十四日条记载,北条泰时认为要断"滥诉"(胡乱发起诉讼),必先固法,于是,在当日开始落实制定其秘密构思的"御成败之式条"。七月十日,"相州(时房)、武州(泰时)"作为"理非决断之职"在 11 人评定众共同签署的"起请文"上署名,对其内容进行进一步完善后,八月十日,最终制作完成了《御成败式目》。《吾妻镜》同日条载曰:"今日以后,诉论之是非,固守此法,可被裁断许之由被定。"建立在合议之上的执权政治,由此获得了成文法典的客观依据。

后嵯峨的践祚

贞永元年(1232)的十月,朝廷方面,度过了宽喜饥荒困境的九条道家,不顾幕府的不悦,令 2 岁的外孙秀仁践祚,是为四条天皇。然而,时任摄政的道家之子九条教实却在文历二年(1235)早逝。于是,九条道家再次出任摄政。两年后的嘉祯三年(1237),九条道家将摄政之职让给了女婿近卫兼经,但凭借天皇外戚以及将军父亲的地位,九条道家仍然确保了其无法动摇的权势。

但是,七年后的仁治三年(1242)一月九日,状况忽然发生了改变。12岁的四条天皇忽然去世。当然,四条天皇还没有后嗣。其父后堀河在天福二年(1234)时已经去世,结果,就出现了必须马上选定天皇的局面。候选人有两位,一位是23岁的土御门皇子邦仁王,这位皇子受到土御门母亲承明门院(在子)的异父弟土御门定通的庇护,而另一位则是21岁的顺德皇子忠成王,这位皇子背后是后鸟羽宠妃、顺德的生母修明门院。

九条道家一直对后鸟羽与顺德的还京心怀期翼,还曾为此开展还京运动,因此,道家希望顺德皇子忠成王继承天皇位。但是,顾虑到乱后朝幕间的力量关系,九条道家还是咨询了幕府的意见。九条道家以为其子赖经已经年满25岁,想必可以领会他的心意。然而,一月十九日镰仓方面传来的回复却是可拥立土御门皇子邦仁王为天皇。

实际上,庇护邦仁的土御门定通之妻竹殿是北条泰时的异母妹。想必这样的人脉关系发挥了作用。但是,更加本质的问题是,与皇位候选人有关的人是否曾经积极地参与了承久之乱。如果选定忠成王,那么就有可能出现其父顺德返京成为治天之君的局面。作为幕府,唯独这一点是必须规避的。因为朝廷不能回到承久之乱前的状态。

天皇位经历了十一天的空缺后,仁治三年(1242)一月二十日,邦仁王获得亲王宣下,即日践祚,是为继承土御门皇统的后嵯峨天皇。关白由四条天皇的摄政近卫兼经出任。近卫兼经的正妻是九条道家之女仁子,尽管九条家与近卫家的关系得以修复,但在忠成王的践祚遭到幕府否决后,九条道家的权势开始趋于衰退。

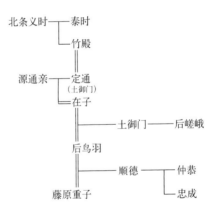

王家、土御门家、执权北条氏的关系谱

后嵯峨院政与亲王将军的时代

与九条道家协作占据朝廷政治中心的西园寺公经、实氏父子,在得知幕府拥立邦仁王后,便非常迅速地同九条道家拉开了距离。并且,仁治三年(1242)六月实氏之女姞子进入后嵯峨后宫,八月被册立为中宫。这位姞子在翌年宽元元年(1243)六月诞下的皇子久仁即后来的后深草天皇。

镰仓方面,仁治三年(1242)六月,北条泰时去世,享年60岁。北条泰时堪称一代名执权,在承久之乱中率领镰仓方大军,乱后在六波罗负责战后处理,在其父义时死后,返回镰仓制定《御成败式目》等等,是他确立了北条氏主导的执权政治。两年前其叔父北条时房也在66岁去世,又一个时代自此落幕。

当时,北条泰时的长子时氏已经去世,继任新执权的是时氏的儿子——19岁的经时。将军赖经时年25岁。换言之,将军与执权的年龄发生逆转,结果,就出现了争夺幕政主导权的紧张局势。宽元二年(1244)四月,九条赖经将将军位让给其子赖嗣,以"大殿"的身份继续保持势力。不过,在宽元四年(1246)三月北条时赖代替病倒的经时成为执权后,北条氏就开始采取攻势。六月,北条时赖果断实施了对赖经派的肃清。七月,九条赖经本人也被送回京都。由此,便开启了北条氏嫡流"得宗"掌控专制权力的道路。

宽元四年(1246)一月,后嵯峨已经将天皇位让于久仁亲王,开始实施院政。九条道家因九条赖经被送返京都而备受打击,而且还被幕府撤销了关东申次之职,完全失去了权势。继任关东申次的是幕府指定的西园寺实氏,从此以后,关东申次就成了西园寺家的世袭之职。

承久之乱后,经过二十余年的时间,朝幕双方的主要成员、势力关系都为之一新,在后嵯峨院政期朝幕间再次建立了协调关系。建长四年(1252)四月后嵯峨皇子宗尊亲王下向镰仓,源实朝拥戴亲王将军的构想得以实现,即是这种协调关系的象征。但是,这与源实朝设想的"东国王权"并不同。因为时代已经发生了剧变。成为将军的宗尊也没有躲过被掌握专制权力的北条得宗家送返京都的命运。尽管如此,时至13世纪中叶,乱后的世界确实终于迎来了和平。

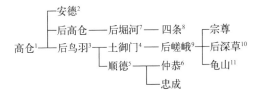

王家略谱②

(数字表示皇位继承顺序)

2　新时代的文化

《六代胜事记》的成立

随着文化巨人后鸟羽的消逝,文化的世界也发生了剧变,出现了公然批评后鸟羽的作品。《六代胜事记》即是这样的作品。该"记"以序文、历史叙述、评论三个部分总结了从高仓到后堀河"六代"的"胜事"（引人瞩目的事迹或异常的事件）。弓削繁、五味文彦、长村祥知等人曾对该书进行研究，在相关的研究成果中，关于该书的作者，存在着藤原隆忠、藤原长兼等不同的观点，但就该书的成书时间，认识则相对一致，即贞应年间（1222—1224）。

在序文中，作者自称是六十余岁的"世弃之人"，此书"不为己身，而为世、为民记"，直接说明了撰写此书的意图。在历史叙述的部分中，不仅记录了六代之胜事，而且还对包括后白河在内的从高仓到顺德六位帝王进行了批判。在评论的部分，通过"时人"与"心有人"两人的问答对话阐述了政道论、历史观。

以下内容出自评论部分的一段问答。"时人"问曰：

> 我国本神国也。继人王之位，既天照大神之皇孙也。因何有三帝一时远流之罚。

大意即是，我国本为"神国"，"三帝"作为"天照大神之皇孙"为何"同时被处以远流"，蒙此奇耻大辱？对此，"心有人"答曰："宝祚长短必依政之善恶（帝王治世的长短取决于施政的善恶）"，并进一步指出了《帝范》（唐太宗所撰帝王学著作）所言"知人""抚民"二德的重要性。

> 帝范有二德，知人与抚民也。所谓知人，太平之功不在一人之略，有君无臣，春秋之诫也。所谓抚民，民

为君之体也。体痛时,其御身无全事。

简言之,由于太平之世的到来并不是一人的谋略,因此主君与臣下建立良好关系即是"知人"之德,君主安抚人民即是"抚民"之德。帝王之政若无此二德即是恶政。

批判帝德的意图

《六代胜事记》的思想依据是儒教的德治主义,主要源于平安时代后期被贵族社会所接受的《帝范》《贞观政要》等典籍。后鸟羽也曾学习这些书籍,不可能不了解其中的政道论。另外,后鸟羽的治世,包括后白河死后的亲政期在内,长达30年。然而,现实中却发生了震惊世人的"三帝一时远流之罚"事件。帝王的权威遭遇前所未有的重创,威信扫地,实为耻辱。倍感危机的作者,不禁将造成这种结果归咎为后鸟羽的恶政,以及帝德的缺失。

作者在历史叙述部分对后鸟羽的严厉批判即体现了这一点。

隐岐院(即后鸟羽)天皇(中略)所习二艺之中,疏文章、长弓马。国之父老窃以为,以文为左、武为右,帝德所欠,可忧事。

即认为帝王应长于文章,而不应亲率武力,进而痛斥后鸟羽恰恰相反,是位"疏文章、长弓马""帝德缺欠"的帝王。

　　不过，后鸟羽亲撰《新古今集》，多次举行习礼、公事竖义，复兴朝廷仪礼，实际上是一位精通文艺的帝王。而作者却刻意无视这些，将承久之乱的发生归咎为后鸟羽一人的帝德缺失。让后鸟羽背负全责，是为了防止乱后践祚的后堀河的帝王权威以及"神国""天照大神之皇孙"权威的跌落。这就是作者"为世、为民"执笔《六代胜事记》的意图所在。

《承久记》中对后鸟羽的批判

　　有不少作品都受到了《六代胜事记》的影响。作品原型出现于1230年代的《承久记》即是其中之一。"慈光寺本"作为《承久记》的最老版本如是批判后鸟羽。

　　　　凡，御心操，世间以为倾。伏物、越内、水练、早态、相扑、笠悬之外，朝夕以武艺为事，昼夜整兵具，巧谋兵乱。御腹恶，少违御气色者，亲行乱罪。御览大臣、公卿之宿所、山庄，召御目留所，号御所。（中略）御游之余，召集四方之白拍子，结番，宠爱之族，召入十二殿之上，踏污锦之茵，倾王法、王威，可悲可叹。

　　由此可知，后鸟羽的"御心操"（性情）被世人批评为"倾"。专心"武艺"，整备"兵具"；"御腹恶"（易怒），动辄对不中意者进行惩罚；没收"大臣、公卿"宅邸，以为御所；召集

"白拍子",令宠爱者进入"十二殿"(大内里正厅的朝堂院),踩踏、玷污锦织地毯,损伤"王法、王威"的做法令人瞠目结舌。如此严酷的批评,与批判后鸟羽疏文、专武,破坏君臣关系、欠缺帝德的《六代胜事记》相比,简直是有过之而无不及。而且,同样无视后鸟羽在文艺方面的成就。这可以说是《六代胜事记》开创的一种后鸟羽批判文化。

"慈光寺本"的历史观

不过,在"慈光寺本"中没有将后鸟羽帝德缺失与承久之乱爆发联系在一起的叙述。究其原因,恰如"慈光寺本"序言以"为娑婆世界的众生利益,佛现世间(为给现世的所有众生造福,佛现身此世)"开端一样,贯穿其始终的理念并非儒教的德治主义,而是佛教的世界观。听闻得胜军报的北条义时喜悦异常,称"义时之果报犹胜帝王之果报。此乃前世善行报于今生,然生为武士,身份低下,不足为报"的叙述(参照第 202 页),也是基于佛教的因果报应论。现世之事及其结果都是前世的"果报"所决定的,因此并不存在因帝德缺失而导致战乱发生的情况。

另外,后鸟羽与北条义时间身份的差距,也是可以基于前世"果报"而发生改变的,"慈光寺本"并没有将二者设定为绝对的君臣关系。正是因此,"慈光寺本"对后鸟羽与北条义时几乎采取了同等的对待。长村祥知将"慈光寺本"中

这种人力不可测的原理即"果报"推动历史发展的历史观称
为"果报史观"。

按照这种逻辑，由于现世发生事情的原因在于前世，于
是就会出现以肯定的态度对现实之事进行理解的倾向。并
且，依据以统治为目的的意识形态进行润色的情况也会很
少。换言之，史料的纯粹性可以得到确保。"慈光寺本"的
史料价值之所以受到高度评价，并不仅仅因为它是最古老
的版本。

对战死者的缅怀与安魂

前文，我们看了在乱后世界中出现的后鸟羽批判文化。
但值得关注的新动向不仅限于此。在宣告"武者之世"到来
的保元之乱爆发后的 65 年，以"武"力打倒"王权"巨人后鸟
羽的承久之乱终于为这个战乱之世画上了休止符。同时，
承久之乱还使人们开始对历史进行回顾与反思。

保元之乱后，为祭祀战死者，祈祷世间太平，慈圆修建
了大忏法院。承久之乱后，该院得到了进一步扩充，平教盛
之子、曾在源实朝的幕府主持过祈祷仪式的小川法印忠快，
说教名手安居院法印澄宪（信西之子）之子圣觉，以及长于
艺能、被认为是《平家物语》作者的信浓前司行长等人都汇
集于此。

另一方面，后高仓、后堀河的宫廷也发生了变化。如前

所述,在平家灭亡后,原本由平知盛养育的后高仓以娶平赖盛(平清盛之弟)之女为妻的持明院基家的宅邸为御所。并且,迎娶了基家的女儿,也就是赖盛的孙女陈子(女院号北白川院)为妻,还生育了后堀河。后堀河的乳母,是以平重盛(平清盛长子)为妹婿、重盛之子维盛为女婿,与平家两代结亲的藤原成亲之女成子。而且,平知盛的遗孀、女儿,平赖盛的儿子,平教盛的儿子以及平维盛的女儿在承久之乱后仍然健在,并在后高仓、后堀河的宫廷中实现了平家关系集团的复活。

于是,在这些人中,缅怀、祭奠那些在人生中途就失掉性命的人,如王家的崇德院、安德天皇、藤原赖长、信西、俊宽等贵族、僧侣,源义朝、为朝、义仲、平清盛、知盛、重衡等源平武将的动向便日益明显。

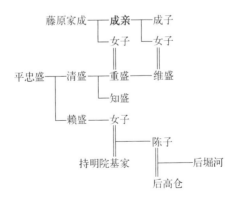

王家、平家、藤原成亲的关系谱

军记物语的成立与发展

以这样的时代潮流为背景,从 13 世纪 30 年代到 40 年代初,也就是《承久记》原型成立的时期,对保元之乱、平治之乱、治承寿永之乱进行叙述、描写的《保元物语》《平治物语》《平家物语》等作品的原型也先后出现。这些军记物语成立的精神基础,即是对那些失败、死去的人们的缅怀与祭奠。

现实中,无论是哪次战乱,都是勇敢的武士们在战场上舍生忘死、奋勇作战。其中,既有活着走下战场并赢得名誉、获得封赏的胜者,也有必须面对死亡的败者,等待他们的或是残酷的,或是不合情理的,或是留有遗憾的,或是自我放弃的各种各样的死法。父子、兄弟、夫妇、主从间的情感联系被残忍地切断,只留幸存者在悲痛与怨念中苟活。

然而,在军记物语中少有对于战场上血腥场面的描写。这是因为军记物语的作者在构建战斗情节时,通常将其视为"物语世界"的一环。另外,经过承久之乱后,人们亲眼看见了帝王、贵族的传统权威被"武"力击碎,切身感受到了新时代的开启。在这样的时代认识下,在描绘王朝贵族社会的权威凋零的同时,也认识到左右王权之"武"的强大实力,并创作出了源为朝、源义经这样的英雄形象。

后来,经过数位作者的种种构思,军记物语被不断增补、删减、改编,最终发展、形成了多种版本(例如《平家物语》存在"觉一本""延庆本",《承久记》存在"慈光寺本""古活字本"等)。

京都的和歌与镰仓的大佛

我们再稍微看一下新时代的文化。乱前的后鸟羽时代是和歌的兴隆期。后鸟羽下达敕撰令并亲自编撰的《新古今集》可以说是当时和歌文化的巅峰之作。承久之乱后的朝廷,在渡过了宽喜饥荒后的贞永元年(1232)六月,由后堀河下达了编撰敕撰集的命令。撰者仅有藤原定家一人。不过,两年后的天福二年(1234)八月,后堀河就去世了。失意的藤原定家一把火烧毁了敕撰集的草稿。

不过,在九条道家、教实父子的支援下,敕撰集的编纂得以继续,并在翌年文历二年(1235)三月上奏四条天皇,是为《新敕撰和歌集》20 卷。不过,选歌还是受到了九条道家的干预,后鸟羽、顺德等人的和歌被责令删除。结果,承久之乱中京方歌人的和歌被删除,而源实朝、北条泰时等武家歌人的和歌则多数入选敕撰集。这或许并非出自藤原定家的本意,但这部敕撰集却真实地反映了乱后的政治。整体而言,《新敕撰和歌集》与歌风华丽的《新古今集》对比鲜明,以简明平淡、保守的和歌居多。

与此同时,镰仓方面修造了大佛。《吾妻镜》嘉祯四年

(1238)五月十八日条记载,当日,在镰仓西部的深泽之中进行了将大佛头部安置于身体之上的作业。铸造的话,这种操作是不可能的,因此,可以断定大佛为木造。另外,从大佛身体部分已经完成的情况来看,修建工程应该是在渡过宽喜饥荒之后启动的。其后,仁治二年(1241)三月,大佛殿上梁,高八丈余的阿弥陀如来像被安置其中,宽元元年(1243)六月,举行了大佛殿的落成供养仪式。但是,不知为何,建长四年(1252)在同一处深泽中又开始了金铜八丈释迦如来像的铸造。二者间的关系不明。镰仓大佛有着很多未解的谜团。

不过,有一点是可以确定的,即大佛修建于镰仓西侧的玄关口。当从京都、西国方面进入镰仓的人们看到这一巨大的标志性建筑时,必然惊叹不已。在承久之乱中取胜的幕府,通过修建巨大的地标建筑向世人宣告,镰仓作为武家的首都是受佛法庇护之地,而且这种佛法是与施行王法相称的佛法。无论是《新敕撰和歌集》还是镰仓大佛,无疑都是象征着乱后世界的新文化。

以上就是承久之乱后,特别是13世纪中叶以前的政治与文化。其间呈现出的,是与乱前截然不同的新世界。换个角度来说,承久之乱确实是推动历史发生巨变的大事件。

终章　帝王们与承久之乱

后鸟羽的流放地隐岐岛

　　下面我们把时代稍稍向前推进，以后鸟羽为中心看一下流放地的帝王们。承久三年(1221)七月十三日，后鸟羽离开洛南的鸟羽殿，大约两周后行至出云国大滨港，继而抵达见尾崎。在这里等风数日后，八月五日，乘船渡海，到达隐岐岛。经比较推定，大滨港大概位于现在岛根县安来市的安来港附近，见尾崎大概位于现在岛根县松江市美保关町附近。在见尾崎，有一座祭祀三穗津姬命、事代主神的美保神社。神社的本殿采用大社造的建筑样式，宏伟壮观，是日本重要的文化遗产。美保神社东邻的古刹佛谷寺，据说是后鸟羽的行在所。这个小寺院的院内建有一座小佛堂，其中收藏着被指定为国家重要文化遗产的五座贞观佛，但院落非常狭窄。当年，后鸟羽为等待适合出海的海风曾在此停留，尽管只是数日，也不禁令人倍感无常与凄凉。

美保神社、佛谷寺前，是海岸线缓缓弯曲的美保湾与蔚蓝开阔的日本海。乘船出海的后鸟羽，大概不久就眺望到了隐岐岛的岛影。从日本地图上看，隐岐岛就像一座远离本州的孤岛，但实际距离却很近，天气晴朗时，甚至可以隐约看到岛影。从鸟取县境港市的境港或岛根县松江市的七类港乘渡轮，最短只需要两个半小时。作者本人也曾从境港乘坐渡轮出海，当在西北偏北的方向上发现岛影时，作者倍感意外。

隐岐岛由岛前（西岛、中岛、知夫里岛）、岛后及众多小岛组成。后鸟羽当年渡海到达的地方就是岛前的中岛，即现在的海士町。渡船来到了该岛的东南部一个叫崎的地方。在崎港恬静的一处角落上立着一块"后鸟羽上皇御着船地"的石碑。后面的小丘陵上有一座名为三穗神社的神社，后鸟羽就是在这个神社的参笼舍度过了来到隐岐以后的第一个夜晚。其后，依据出云、隐岐守护佐佐木氏的指示，隐岐国在厅官人村上氏引导后鸟羽一行来到"阿摩郡苅田乡"源福寺的"黑木御所"（用简单刨过的木材修建的御所）。这里就是后鸟羽在隐岐的行在所。位于现在岛根县隐岐郡海士町海士的源福寺遗迹附近。

"我乃新岛守"

福源寺在明治初年成为废寺，填海造田后海岸线变远，但当年的行在所眼前即是大海。后鸟羽每日眺望大海，思念京都。南北朝时期的历史物语《增镜》中有如下一段叙述。

> 后鸟羽所在之处，是为远离人群、故乡的岛中。（中略）忆起水无濑殿，宛如梦境。眺望大海眼欲穿，所谓诗言"二千里外故人心"，今重有所感。听海风大作。
>
> 我乃新岛守，隐岐之海，猛烈之风，用心吹拂（我こそは　新島守よ　隠岐の海の　荒き浪風　心して吹け）

这首"我乃新岛守"的和歌，是后鸟羽流放后不久创作的《远岛百首》"杂"部中的第 97 首和歌。对这首和歌的解读有两种。第一种将和歌的大意理解为"我是新来的岛主，隐岐的风浪啊，请你轻柔些"，即将其解读为充满自嘲的、恳求风浪的一首哀切之歌。另一种将和歌大意理解为"此身虽被处远流，仍是为新岛守也。风浪莫要逞凶，轻轻地吹"，将其解读为仍然不失帝王气概的和歌。

诚然，仅就这一首和歌来看，无论哪种解释都是可以成立的。但是《远岛百首》是后鸟羽被流放后不久创作的和歌集。其中,借用古歌的表现形式,或是悲叹自己被处远流的命运,或是倾诉苦恼、对京都的思念之情,非常直接地表现心情与实感的和歌很多。这样来看的话,将"我乃新岛守"这首和歌解读为恳求风浪的悲伤之歌应该更为恰当。

隐岐的和歌活动

在如此荒凉的流配地,后鸟羽终日埋头于和歌活动与佛道修行。但和京都不同的是,这里没有和他互咏和歌的歌人。被允许在旁侍候的,仅有藤原能茂、水无濑亲成、伊贺局(龟菊)等极少数的近臣与女眷。而且,幕府严禁京都之人涉足隐岐。在这样的环境下,卿二位的外甥内藏头高仓清范负责在京都与隐岐之间收集、传达信息。后鸟羽同其母七条院、宠妃修明门院、宠臣卿二位、歌人藤原家隆、高僧明惠、圣觉以及同样被困于流配地的顺德、土御门互换书信、诗稿、歌书等,在通信方面相对比较自由。以这些信息、资料为参考,后鸟羽编纂了《远岛百首》、《后鸟羽院御自歌合》、《定家家隆两卿撰歌合》、《时代不同歌合》、《远岛御歌合》、"咏五百首和歌"、《隐岐本新古今和歌集》。显然,后鸟羽的精力依旧十分充沛。

由樋口芳麻吕、寺岛恒世大量且细致的研究可知,《后鸟羽院御自歌合》是后鸟羽在被流放后第五年,也就是嘉禄二年(1226)创作的、由 20 首和歌组合而成的 10 组歌合。

为获得藤原家隆的判词，这些歌合曾被送往京都。《定家家隆两卿撰歌合》是从两位歌人作品中各选 50 首组合而成的百首编撰歌合。这两位歌人，一位是自承久二年（1220）触怒后鸟羽以来便与之没了往来的藤原定家，一位则是终身效忠后鸟羽的藤原家隆，二人都是新古今时代的代表歌人。《时代不同歌合》，如其题目一样，是从不同时代的 100 位歌人作品中各选 3 首组合而成的计 300 首、150 组歌合。有人认为这部歌合与《百人一首》存在一定的关联性。《远岛御歌合》是嘉祯二年（1236）后鸟羽令藤原家隆、源通光、坊门忠信、水无濑信成、亲成父子以及源家长之女少卿等京都、隐岐 16 位歌人创作，并由后鸟羽书写判词的歌合。这是后鸟羽晚年 57 岁时的作品。

而后鸟羽和歌的大汇总，则是由四季 300 首、恋 100 首、杂 100 首组成的"咏五百首和歌"。在流配后不久创作的《远岛百首》具有很强的表白心情、实感的侧面，而这部歌集中没有关于隐岐的和歌，因此被认为具有"网罗性指向"及"没有偏颇的综合性指向"。成立的具体时间无法确定，应是其晚年的作品。

与此同时，后鸟羽还对《新古今集》进行改订，完成了《隐岐本新古今和歌集》。在卷末的"跋"中，后鸟羽指出两千首的入集和歌数量太多，并对收录自己作品三十余首的做法进行了反思，认为尽管执心歌道，但此举却欠缺对歌集整体价值的考虑。并且,删减了近两成(三百八十余首)和歌。对于后鸟羽而言,《新古今集》是"治世和民"之正统帝王的象征。但在隐岐,晚年的后鸟羽在帝王的身份之外,还作为歌人不断地完善歌集,使敕撰和歌集实现了纯然的最终形态。"咏五百首和歌"与《隐岐本新古今和歌集》无疑是文化巨人后鸟羽的帝王之作。

幕府对后鸟羽返京的否决

后鸟羽的流人生涯最终长达 19 年。期间,也曾有机会对返京抱有期待。第一次是北条义时、政子及大江广元去世后,由北条泰时开始主导幕府的嘉禄二年(1226),第二次是传言后鸟羽的怨灵引发饥荒的宽喜三年(1231)。尽管出现了摸索返京的动向与后鸟羽返京的传闻,但最终都无疾而终。

然而,第三次却不同。嘉祯元年(1235)三月,主导朝廷政治的九条道家通过幕府评定众中原师员正式向幕府提出了关于后鸟羽返京的问题。一时间,无论是京都还是隐岐都异常期待。但是,这种期待很快就被打破。《明月记》嘉祯元年(1235)五月十四日条记载,北条泰时称"家人,一同不可然由",并以此为由明确地否决了后鸟羽的返京。这也表明了幕府不允许朝廷回复到乱前状态的坚决态度。自此,返京的希望彻底破灭,后鸟羽也认识到了终身无法离开流放地隐岐的现实。

帝王们的离世

延应元年(1239)，60岁的后鸟羽在终日修行佛道的同时，制作了法会时唱颂佛德的讲式《无常讲式》。第二段中著名的一句"凡无墓者，人之始、中、终，如幻一期之过程，三界无常(凡无所依者，人生的开端、过程与终了，一切皆如幻。欲界、色界、无色界三界无常)"体现出了后鸟羽的无常观。第三段的"月卿云客之身，生颈斩于他乡之云，槐门棘路之人，红泪落于征路之月(公卿、殿上人在远离京都的他乡被斩，大臣、公卿在旅途的月夜洒下血泪)"，令人想起被处刑的藤原光亲、中御门宗行、一条信能等京方贵族以及不得不在流配地度过余生的后鸟羽的命运。后鸟羽的无常观大概就是在认真接受、面对这样的命运后体悟到的境界。

同年二月九日、十日，后鸟羽为常年在隐岐侍候的水无濑亲成及其在京都的父亲信成写下了置文(记录今后须遵守的训诫、所领分配等内容的、类似遗书的文书)。以"所劳次第成大事，今有思定也(因病渐重，今为将死之时)"开篇后，后鸟羽将水无濑、井内、加贺、持田诸庄给予亲成，并命其子孙后代世代居住于水无濑，为后鸟羽祈祷冥福。并且，还写道："水无濑，往昔我心深留之所也(中略)吾去后，常天翔见守也[水无濑,过去是我深爱之地。(中略)我死后,也会在天上时时守望]"。

12天过后,延应元年(1239)二月二十二日,后鸟羽在配流地隐岐去世,享年60岁,结束了他绝世帝王曲折、波澜的一生。藤原能茂将后鸟羽的遗骨挂在脖子上带回了京都。藤原能茂先去到水无濑,后将后鸟羽的遗骨放入了大原西林院。仁治元年(1240),水无濑信成、亲成父子在水无濑修建了后鸟羽的御影堂,即后来成为水无濑神宫的堂舍。

此外,尽管幕府没有裁决,但自愿前往土佐国,后迁至阿波国的土御门,没能等到其子邦仁亲王践祚,宽喜三年(1231)十月在阿波去世。享年37岁,先于后鸟羽8年去世。

另一方面,仁治三年(1241)邦仁亲王践祚后,顺德之子忠成无缘皇位继承,结果彻底失去返京希望的顺德在佐渡病倒。一心求死的顺德自断饮食,于九月十二日死去,享年46岁。这样,在承久之乱中被处流刑的三位帝王,最终都没能返回京都,分别死在了自己的流放地。

怨灵镇抚

世人从后鸟羽生前就对他的怨念、生灵心怀畏惧。北条义时、政子、大江广元的死自不必说,连导致无数人饿死的宽喜饥荒,以及后堀河的中宫藻璧门院竴子、被废的顺德之子仲恭和幕府拥立的后堀河三人在天福元年(1233)至二年(1234)间的先后死去,都被传是后鸟羽的怨念所致。蹲子与后堀河的皇子在生产过程中死去,其后不久年仅 25 岁的蹲子便去世,而仲恭与后堀河也都是早逝,终年仅有 17 岁和 23 岁。嘉祯元年(1235)痛失爱女的九条道家之所以为后鸟羽返京筹谋,背后或就存在着镇抚怨灵的意图。

延应元年(1239)二月后鸟羽在隐岐去世。五月,被称为"隐岐院"的后鸟羽就被追赠"显德院"的谥号。但是,这似乎没能镇抚怨灵。当年的十二月五日,镰仓方的有力武将、在乱后处理中发挥重要作用的三浦义村突然死去;仁治三年(1242)一月九日,四条天皇年仅 12 岁夭折;同年六月十五日,否决顺德皇子忠成践祚的北条泰时突然去世。参议平经高的日记《平户记》六月二十日条记载,北条泰时连续数日高烧不退,痛苦异常,"辛苦恼乱",最终毙命。"显德院之御灵显现",人人畏惧。

随后的七月八日,朝廷采取了前所未有的措施,又将后鸟羽的谥号由"显德院"改为了"后鸟羽院"。"后鸟羽"的叫法就是源于此。幕府方面也在宝治元年(1247)四月二十五日将后鸟羽的御灵劝请至鹤冈八幡宫西北方向的山脚下进行祭祀。《吾妻镜》同日条中记载,"是为奉宥彼怨灵"。两年后的建长元年(1249)七月二十日,被称为"佐渡院"的顺德也被追赠谥号"顺德院"。

历史认识的变化

或许是因为镇抚有了效果，或许是因为后嵯峨院政期间实现了朝幕协调，13世纪后半期后鸟羽的怨灵不再作祟。其再次受到关注，则是实现"倒幕"的后醍醐天皇的建武新政瓦解，南北朝动乱展开的14世纪中叶。与此同时，对承久之乱的历史认识也出现了变化，即认为后鸟羽"可灭关东"（《保历间记》）、"为亡关东"（《梅松论》）而发起战乱。

实际上，在14世纪前半期之前的文献中，是看不到"灭（亡）关东""倒幕""讨幕"之类的表述的。尽管院宣、宣旨、官宣旨等文书的样式各种各样，但对于承久之乱的认识基本是一致的，即认为战乱是依后鸟羽追讨北条义时的命令而起的。确实，在军记物语的"慈光寺本"中也有言辞激烈的叙述。北条政子的演说中也有"付京方，责给镰仓，大将殿、大臣殿二所之御墓所被马蹄践踏"的表述（参照第167页）。但是，即便是卿二位向后鸟羽进言时，也只是说讨伐北条义时、依圣意支配日本国，并没有说打倒幕府。

在这些文献中，只有《吾妻镜》载曰"自京都可袭坂东之由，有其闻"，即十分明确地声称朝廷要袭击幕府。而幕府首脑层将追讨北条义时的命令解读为关乎幕府存亡的危机，煽动御家人也是事实。结果，团结一致的幕府以压倒性的优势战胜后鸟羽的朝廷，朝幕间的力量关系发生了戏剧性的逆转。

　　但是，如此强大的幕府却被后醍醐打倒了。"倒幕"成了现实。而且，在计划打倒幕府的过程中，后醍醐还同后鸟羽一样被流放隐岐岛。正是这种类似性促成了关于后鸟羽同后醍醐一样意图"倒幕"的认识。14 世纪中叶以后，出现了关于承久之乱的新的历史认识，即认为承久之乱是后鸟羽企图"倒幕"，最终失败的一次事件，而且这种历史认识还开始广泛传布。

　　进入 15、16 世纪以后，这种倾向变得更加显著。13、14 世纪鲜为人知的《吾妻镜》在 15 世纪后半期的应仁、文明之乱后，开始被广泛阅读，这也许产生了一定的影响。现代人对于承久之乱的印象，早在中世末期就已经基本成型。

承久之乱的历史定位

　　在"前言"部分中作者曾指出，本书重视两个视角。一是从公家政权院政的成立、展开与武家政权镰仓幕府的成立、展开这样大的历史脉络中对承久之乱进行定位，二是为方便一般读者理解，比拟现代的社会现象进行论述。关于第二点，通过比拟公司组织、运动项目等，应该基本达成了目标。而关于第一点，本书的框架本身应该已经体现了这样的方向性。在此基础上，让我们在历史的脉络中对承久之乱进行定位。

　　11 世纪末的应德三年(1086)，白河让位，院政由此开端。在个性鲜明的"治天之君"白河的影响下，院政作为公家政权的一种政治形态逐步固定下来，并得到鸟羽、后白河的继承，实现了进一步的发展。另一方面，武士势力在院政时期逐步抬头，在经过宣告"武者之世"到来的保元之乱后，其势力之大甚至可以撼动王权。12 世纪末，源赖朝建立了日本史上最初的、真正的武家政权——镰仓幕府。

　　但是，在公家与武家的关系中，依然是公家朝廷保持了优势地位。尤其是 13 世纪初，以多才多艺著称的"治天之君"后鸟羽君临于诸权门之上，矢志成为统御全日本的正统帝王，与源实朝的幕府建立了十分融洽的关系，不仅朝廷的政治、文化迎来了兴隆期，而且公武关系也进入了安定期。这种公武间协调关系的巅峰，出现在朝廷与幕府就拥戴后鸟羽的亲王为将军，由升任右大臣的源实朝予以辅佐的提案达成一致意见之时。由此，后鸟羽通过其子与源实朝将幕府置于统治之下，源实朝将幕府发展为"东国王权"的道路本应开启。

　　但是，建保七年(1219)一月源实朝被其侄公晓杀害后，历史就开始发生巨变。一个年轻人的行凶事件改变了历史。幕府将九条道家之子三寅(即后来的赖经)拥立为未来将军，建立起了以北条政子、义时姐弟为中心的新体制。

　　另外，京都方面，承久元年(1219)七月，源赖茂谋叛事件导致象征王权的大内里被烧毁,震惊世人。受到冲击的后鸟羽很快便着手再建工程,却遭遇了对造内里役的大规模抵抗,愈加焦躁。说到底,大内里之所以被烧毁,还是因为幕府内部的权力斗争波及了京都。这样的认识使后鸟羽坚定了排除北条义时、将幕府强行纳入权门体制的决心。因为,他认定源实朝横死后导致幕府失去控制的罪魁祸首就是北条义时。并且,后鸟羽甚至不惜中断本应优先进行的大内里再建工程,在承久三年(1221)五月发出了追讨北条义时的院宣、官宣旨。承久之乱由此爆发。

后鸟羽自身修炼武技,并将有力的在京御家人置于其指挥之下。他的目标始终是追讨北条义时,将幕府置于统治之下。但是,幕府首脑层却将追讨北条义时的院宣、官宣旨解读为了对幕府全体的攻击,通过煽动关乎存亡的危机感,使镰仓方的御家人们团结一致,大举发起进攻,击败后鸟羽的京方,取得了压倒性的胜利。结果,以后鸟羽为首的三位院被处以流刑,众多京方的贵族、僧侣、武士被处刑、流放。

具有巨大存在感的后鸟羽被幕府打倒,幕府成功证明了其超过后鸟羽的实力。乱后,幕府不仅掌握了治天之君、天皇的选定权,而且在京都设置六波罗探题,令东国的有力御家人代替京方在京御家人出任西国守护、补任没收地的新补地头。结果,众多东国御家人迁移西国,幕府的支配权、东国的秩序实现了向京都、西国的渗透。承久之乱,在逆转了朝廷与幕府、公家政权与武家政权的力量关系的同时,也引发了全国规模的社会大变动。

另外,源赖朝晚年积极地接近王朝,源实朝抱有拥戴后鸟羽的亲王为将军的"东国王权"构想,都是为了借助具有传统的公家政权的王权,提升史上最初的、真正的武家政权——幕府的权威,进而发展幕府。但是,乱后的幕府获得了左右王权的力量,使公武关系发生了剧变。意图将幕府置于统治之下的后鸟羽失败了,而获胜的幕府则朝控制王权的方向迈出了一步。镰仓幕府的成立,确实是具有划时代意义的事件。但是,与乱后的幕府相比,源赖朝、赖家、实朝三代源氏将军时期的幕府,甚至可以说只是处于成长过程中的过渡的武家政权。

当然,武家政权想要完全将公家政权置于控制之下,还需要数百年的时间。但毫无疑问的是,承久之乱是实现这一目标切实且重要的一步。其后,虽然后醍醐曾实施了两年建武新政,但承久三年(1221)发生逆转的公武关系却没有被颠覆。极端地说,到江户时代末期通过大政奉还将政权交还给天皇为止,武家从来没有将自己的优势地位让给公家。

时至承久三年(1221),从武士作为军事贵族登上历史舞台的古代中期即 10 世纪的延喜圣代时期算起,时间已经过去了三百余年；自中世初期即 11 世纪末院政开始，时间过去了 135 年；令人们感到"武者之世"到来的保元之乱已经过去了 65 年。"真正的武者之世"由此拉开大幕。承久之乱，无疑是具有"划时代意义的重大事件"，是具有重大意义的历史转折点。

后　记

　　记得是 2014 年 11 月，我收到了中公新书的编辑并木光晴先生关于委托执笔的书信与电子邮件。实际上，在同年 7 月，我刚刚出版了《源实朝》（讲谈社选书专门丛书）这本书。在这本书中，我追溯了源实朝的一生，以历史学家的视角挑战了和歌的解读，并对暗杀剧的真相进行了考察。不过，对源实朝死后到承久之乱的历史只是简单地有所涉及。并木先生注意到这点，对源实朝横死后的历史展开很感兴趣，为此委托我进行撰写。当然，我自身也并非没有兴趣。但是，有不少专门研究承久之乱的学者。为何不是那些学者，而是我呢？说实话，我当时十分困惑。尽管如此，难得并木先生专门委托于我，因此我还是决定接受。

　　两个月后,我整理了本书的结构与梗概,并交给了并木先生。特别留意的,是在大的历史脉络中对承久之乱进行定位,并且,除政治、军事外,同时重视文化方面。这也成了本书的基本轴。

　　文化之中,尤其是关于和歌,我最初认为撰写《源实朝》以及在《岩波讲座　日本历史　中世1》中负责考察"中世前期文化"的经验会有所帮助。但是,很快就发现我预想得太过简单了。源实朝的和歌数量很少,而且是在与京都歌人、歌坛没有交流的情况下创作的、具有独特个性的和歌。不过,也正是因此,我反而感觉到了将此作为历史史料进行解读的可能性。不过,后鸟羽是文化巨人,同新古今时代的歌人们建立了密切的关系。与其有关的和歌数量之多,完全超乎我的能力。并木先生明里暗里对我给予鼓励,但陷入僵局的我却没少给并木先生添麻烦。

　　在此过程中,2017年6月,我计划已久的赴德之旅成行。为了进行日欧的文化比较研究,我曾于2000年在德国的杜塞尔多夫市居住过一年。这个地方对我来说印象十分深刻,这次虽然仅有三个月时间,但能够再次租借民居在当地生活,也是机会难得。以杜塞尔多夫市为据点,我不仅游览了德国各地以及法国、意大利等国,开阔了眼界,最后还参加了在葡萄牙的里斯本召开的EAJS(欧洲日本研究协会)大会。虽然是第一次参加国际学会的活动(未进行发表)，但看到许多熟识的日本历史学、文学、艺术史学研究者出席，令我十分振奋。重新振作的我，在9月回国后再次投入写作，尽量避免过于深入地探讨后鸟羽的和歌，终于用一年左右的时间完成了初稿。

如此赘述无趣的个人私事，十分惭愧。惭愧之余，还是想再说一个我个人的话题。回国后的9月中旬，我从保护猫咪的社会团体领养了两只两个半月大、体重一公斤左右的小母猫，一只是三色猫，一只是黑黄虎纹猫。妻子给它们分别起名为米开朗与蕾欧娜。两只小猫在家里四处跑动，在专门给它们准备的小床上跳来跳去，累了，就呼呼睡去，醒了，就用可爱的眼睛和叫声向我们乞要食物。写作疲惫时，或是写作不顺利、意志消沉时，看看它们温和的样子，抚摸一下它们光泽的皮毛，就会打起精神。现在，两只猫咪将近一岁半了，按照人类的寿命来算，已经相当于一个二十几岁的年轻人了。尽管它们已经不再是小猫咪，体重也超过了四公斤，但仍然每天治愈着我们爱猫的一家人。

最后，言归正传，2019年(平成三十一年)4月末至5月初，会发生历史上具有划时代意义的事件，也就是今上天皇退位、皇太子即位。这是明治以后近代日本史上的第一次生前退位，也是第一次使用"上皇"这个称呼。作为中世史的研究者，能够见证"上皇"的诞生，真是又惊又喜。本书的主人公之一后鸟羽就是"上皇"，这也是一种不可思议的机缘。但是,现代日本采用象征天皇制,同样是"上皇"的称呼,却与政治权力无缘。本书特意以中世时期普遍使用的"院"称呼后鸟羽"上皇",也是为了避免引起与现代"上皇"的混淆。

在我撰写"后记"时,想必并木先生还在努力地校正红字,为本书的定稿挥洒着汗水。从接受执笔委托到完成初稿,前后历时四年时间,大大超出了原定的完成时间,对此,谨向并木先生致歉。同时,为确保撰写过程顺畅、愉快,并木先生不断对我给予鼓励,在此再次深表感谢。

坂井孝一

2018 年(平成三十年)11 月 1 日

承久之乱相关简略年表

年号	公历	事项
延久四年	1072	十二月，后三条天皇让位贞仁亲王（白河天皇）。
延久五年	1073	五月，后三条院（上皇）死去。
应德三年	1086	十一月，白河天皇让位善仁亲王（堀河天皇）。白河院政开始。
嘉承二年	1107	七月，堀河天皇死去。宗仁亲王（鸟羽天皇）践祚。白河院政走向成熟。
保安四年	1123	一月，鸟羽天皇让位显仁亲王（崇德天皇）
大治四年	1129	七月，白河院死去。鸟羽院政开始。
永治元年	1141	十二月，崇德天皇让位体仁亲王（近卫天皇）。

（续表）

年号	公历	事项
久寿二年	1155	七月,近卫天皇死去,雅仁亲王(后白河天皇)践祚。
保元元年	1156	七月,鸟羽院死去。保元之乱。
保元二年	1157	二月,大内里修建工程开始。十月,后白河天皇迁幸新造内里。
保元三年	1158	八月,后白河天皇让位守仁亲王(二条天皇)。
平治元年	1159	十二月,平治之乱。源赖朝任右兵卫权佐。
永历元年	1160	三月,源赖朝被流配伊豆。
永万元年	1165	六月,二条天皇让位顺仁亲王(六条天皇)。七月,二条院死去。
仁安二年	1167	二月,平清盛叙从一位,出任太政大臣。
仁安三年	1168	二月,六条天皇让位宪仁亲王(高仓天皇)。后白河院政成熟。
安元三年	1177	五月,鹿谷事件。
治承三年	1179	十一月,平清盛发动政变,后白河院院政停止。
治承四年	1180	二月,高仓天皇让位言仁亲王(安德天皇)。五月,以仁王之乱。七月,尊成亲王诞生。八月,源赖朝在伊豆举兵。十月,富士川之战。
寿永二年	1183	七月,平家携安德天皇、三种神器逃离京都。八月,尊成亲王(后鸟羽天皇)践祚。十月,朝廷公认源赖朝对东国的支配权("十月宣旨")。

（续表）

年号	公历	事项
文治元年	1185	三月,坛之浦之战,平家灭亡。
建久三年	1192	三月,后白河院死去。七月,源赖朝出任征夷大将军。八月,源实朝诞生。
建久六年	1195	十二月,为仁亲王诞生。
建久八年	1197	九月,守成亲王诞生。
建久九年	1198	一月,后鸟羽天皇让位为仁亲王(土御门天皇),后鸟羽院政开始。八月,后鸟羽院进行首次熊野诣。
建久十年（正治元年）	1199	一月,源赖朝死去。源赖家继承源赖朝遗迹。二月,三左卫门事件。四月,镰仓幕府停止源赖家亲裁,实行北条时政等13人的御家人合议制。
建仁二年	1202	七月,源赖家出任征夷大将军。
建仁三年	1203	六月,幕府诛杀源赖朝异母弟阿野全成。九月,幕府讨灭比企能员及源赖家之子一幡（比企之乱）。源实朝任征夷大将军。
元久元年	1204	七月,幕府在修善寺将源赖家杀害。
元久二年	1205	三月,《新古今和歌集》奏览,举行竟宴。六月,后鸟羽院学习琵琶最秘曲《啄木》。六月,幕府讨灭畠山重忠。闰七月,北条时政与其后妻牧方阴谋拥立女婿平贺朝雅为将军失败（牧氏事件）。北条时政引退伊豆。北条义时任执权。

(续表)

年号	公历	事项
承元元年	1207	十一月,修建最胜四天王院,御堂供养。
承元二年	1208	四月,后鸟羽院称蹴鞠长者。
承元三年	1209	四月,源实朝叙从三位。源实朝从此年开始以政所为据点实施将军亲裁。
承元四年	1210	十一月,土御门天皇让位守成亲王(顺德天皇)。
建历三年(建保元年)	1213	五月,和田义盛在镰仓举兵,败死(和田合战)。北条义时任侍所别当。下半年,源实朝自撰、编辑《金槐和歌集》。
建保四年	1216	四月以前,源实朝增加政所别当至9人,强化将军亲裁。六月,源实朝任权中纳言。十一月,源实朝接见宋人陈和卿,下令建造唐船(渡宋计划)。
建保六年	1218	一月,三寅诞生。二月,北条政子上洛,与卿二位藤原兼子会面。三月,源实朝任左近卫大将。十月,怀成亲王诞生。源实朝任内大臣。十二月,源实朝任右大臣。
建保七年(承久元年)	1219	一月,源实朝在鹤冈八幡宫举行右大臣拜贺仪式,被侄儿公晓杀害。二月,阿野全成之子时元在骏河举兵,败死。幕府申请后鸟羽院的亲王下向镰仓。三月,后鸟羽向幕府要求撤销摄津国长江、仓桥两庄的地头。幕府令北条时房上洛,拒绝撤销地头,再次请求亲王下向镰仓。六月,西园寺公经之外孙、九条道家之子三寅,作为未来将军下向镰

（续表）

年号	公历	事项
		仓。七月,大内守护源赖茂谋叛被发现。后鸟羽院命在京武士讨灭源赖茂,大内里被烧毁。八月,后鸟羽院患病卧床。十月,后鸟羽院在最胜四天王院举办名所和歌会。同时,颁布造内里院宣。
承久二年	1220	一月,造内里行事所成立。三月,造内里木作始(动工)。其后,全国抵制造内里役。四月,幕府诛杀源赖家遗孤禅晓。十月,内里立柱上栋。最胜四天王院上栋。十一月,举行怀成亲王着袴仪式。十二月,举行三寅着袴仪式。院近臣尊长任出羽国羽黑山总长吏。内里桧皮葺始。造内里行事所解散。
承久三年	1221	二月,后鸟羽院进行最后一次熊野诣。四月,顺德天皇让位怀成亲王(仲恭天皇)。九条道家任摄政。后鸟羽院召集一千余骑兵力。五月,后鸟羽院讨伐幕府的京都守护伊贺光季,发出追讨北条义时的院宣与官宣旨(承久之乱爆发)。尼将军北条政子发表演说。镰仓方兵分三路从东海道、东山道、北陆道出击。六月,镰仓方在美浓之战中击破京方,宇治、濑田激战也获得胜利,入京。七月,北条时房、泰时、三浦义村以京都六波罗为据点进行战后处理。仲恭天皇让位茂仁亲王(后堀河天皇)。守贞亲王(后高仓院)开始院政。近卫家实任摄政。后鸟羽院、顺德院分别被流配隐岐、佐渡。一条信能、中御门宗行、按察使光亲、高仓范茂等京方贵族被处刑。闰十月,土御门院主动要求迁幸土佐(后改为阿波)。

(续表)

年号	公历	事项
贞应二年	1223	五月,后高仓院死去。六月,依据幕府请求,宣旨颁布新补率法。
贞应三年	1224	六月,北条义时死去。北条泰时任执权。
嘉禄元年	1225	六月,大江广元死去。七月,北条政子死去。十二月,三寅元服(藤原赖经)。
嘉禄二年	1226	一月,藤原赖经任征夷大将军。
宽喜二年	1230	此年至翌年,宽喜饥荒。
宽喜三年	1231	十月,土御门院在阿波死去。十一月,朝廷颁布宽喜新制。
贞永元年	1232	八月,幕府制定《御成败式目》。十月,后堀河天皇让位秀仁亲王(四条天皇)。
天福二年	1234	后堀河院死去。
嘉祯二年	1236	《隐岐本新古今和歌集》在隐岐完成。
延应元年	1239	二月,后鸟羽院在隐岐死去。五月,对隐岐院追赠显德院谥号。
仁治元年	1240	《承久记》的原型形成。
仁治三年	1242	一月,四条天皇死去。朝廷就天皇人选问询幕府,幕府否决顺德院皇子忠成,拥立土御门院皇子邦仁。邦仁(后嵯峨天皇)践祚。六月,北条泰时死去。七月,显德院的谥号变更为后鸟羽院。九月,顺德院在佐渡死去。

（续表）

年号	公历	事项
宽元四年	1246	一月，后嵯峨天皇让位久仁亲王（后深草天皇）。后嵯峨院政开始。
宝治元年	1247	四月，幕府在鹤冈八幡宫西北侧山脚下建立新宫，祭祀后鸟羽院的御灵。
建长元年	1249	七月，对佐渡院追赠顺德院谥号。
建长四年	1252	四月，宗尊亲王下向镰仓，任征夷大将军。

参考文献

秋山哲雄『都市鎌倉の中世史』(吉川弘文館、2010 年)

浅田徹・勝原晴希・鈴木健一・花部英雄・渡部泰明編『和歌を開く』1〜5(岩波書店、2005―06 年)

池田忍「王権と美術」(『京・鎌倉の王権』〔「日本の時代史」8〕吉川弘文館、2003 年)

伊藤大輔・加須屋誠『治天のまなざし、王朝美の再建築』(「天皇の美術史」2、吉川弘文館、2017 年)

稲垣弘明『中世蹴鞠史の研究』(思文閣出版、2008 年)

井上幸治「九条道家」(『公武権力の変容と仏教界』〔「中世の人物 京・鎌倉の時代編」第 3 巻〕清文堂出版、2014 年)

井原今朝雄「摂関・院政と天皇」(『天皇権力の構造と展開その一』〔「講座前近代の天皇」1〕青木書店、1992 年)

井原今朝雄「中世儀礼における漢詩・管弦・和歌」(国立歴史民俗博物館編『和歌と貴族の世界』塙書房、2007 年)

今関敏子『実朝の歌　金槐和歌集訳注』(青簡舎、2013 年)

今関敏子『金槐和歌集論』(青簡舎、2016 年)

岩田慎平「九条頼経・頼嗣」(『公武権力の変容と仏教界』〔「中世の人物　京・鎌倉の時代編」第 3 巻〕清文堂出版、2014 年)

大村拓生「日記の記録過程と料紙の利用方法」(河音能平編『中世文書論の視座』東京堂出版、1996 年)

岡田清一『鎌倉幕府と東国』(続群書類従完成会、2006 年)

奥富敬之『吾妻鏡の謎』(吉川弘文館、2009 年)

小山田義夫「承久の大内裏再建事業について」(『流通経済大学論集』10—4、1976 年)

鎌倉佐保「和田合戦と横山氏」(『多摩市史』通史編第五編、1997 年)

川合康『源平合戦の虚像を剥ぐ』(講談社、1996 年)

川合康『鎌倉幕府成立史の研究』(校倉書房、2004 年)

川合康「治承・寿永の内乱と鎌倉幕府の成立」(『中世 1』〔「岩波講座　日本歴史」第 6 巻〕岩波書店、2013 年)

川合康「平清盛」(『保元・平治の乱と平氏の栄華』〔「中世の人物　京・鎌倉の時代編」第 1 巻〕清文堂出版、2014 年)

菊池紳一「北条泰時」(『公武権力の変容と仏教界』〔「中世の人物　京・鎌倉の時代編」第 3 巻〕清文堂出版、2014 年)

菊地大樹「慈円」(『公武権力の変容と仏教界』〔「中世の人物　京・鎌倉の時代編」第 3 巻〕清文堂出版、2014 年)

日下力『平家物語の誕生』(岩波書店、2001 年)

日下力『いくさ物語の世界』(岩波書店、2008 年)

久保田淳『藤原定家』(「王朝の歌人」9、集英社、1984 年。後にちくま学芸文庫、筑摩書房、1994 年)

久保田淳『藤原定家とその時代』(岩波書店、1994 年)

河内祥輔『日本中世の朝廷・幕府体性』(吉川弘文館、2007 年)

五味文彦『増補　吾妻鏡の方法』(吉川弘文館、2000 年)

　五味文彦「京・鎌倉の王権」（『京・鎌倉の王権』〔「日本の時代史」8〕吉川弘文館、2003 年）

　五味文彦「天皇と学問・芸能」（『表徴と芸能』〔「岩波講座　天皇と王権を考える」6〕岩波書店、2003 年）

　五味文彦『書物の中世史』（みすず書房、2003 年）

　五味文彦『後白河院』（山川出版社、2011 年）

　五味文彦『後鳥羽上皇』（角川学芸出版、2012 年）

　五味文彦『鴨長明伝』（山川出版社、2013 年）

　五味文彦『源実朝』（角川学芸出版、2015 年）

　近藤成一『鎌倉幕府と朝廷』（「シリーズ日本中世史」②、岩波書店、2016 年）

　近藤好和「源義朝」（『保元・平治の乱と平氏の栄華』〔「中世の人物　京・鎌倉の時代編」第 1 巻〕清文堂出版、2014 年）

　佐伯真一『平家物語遡源』（若草書房、1996 年）

　佐伯真一『戦場の精神史』（日本放送出版協会、2004 年）

　佐伯智広『中世前期の政治構造と王家』（東京大学出版会、2015 年）

　佐伯智広「源通親」（『治承～文治の内乱と鎌倉幕府の成立』〔「中世の人物　京・鎌倉の時代編」第 2 巻〕清文堂出版、2014 年）

　坂井孝一「中世前期の文化」（『中世 1』〔「岩波講座　日本歴史」第 6 巻〕岩波書店、2013 年）

　坂井孝一『源実朝』（講談社、2014 年）

　坂井孝一『曽我物語の史的研究』（吉川弘文館、2014 年）

　坂井孝一「源実朝」（『公武権力の変容と仏教界』〔「中世の人物　京・鎌倉の時代編」第 3 巻〕清文堂出版、2014 年）

　坂井孝一『源実朝と鎌倉』（吉川弘文館、2016 年）

　坂井孝一「平安時代の伊東」（伊東市編『伊東の歴史Ⅰ』伊東市史通史編、2018 年）

　桜井陽子『「平家物語」本文考』（汲古書院、2013 年）

佐古愛己「藤原忠実」(「中世の人物　京・鎌倉の時代編」第 1 巻〕清文堂出版、2014 年)

佐藤進一『日本の中世国家』(岩波書店、1983 年)

佐藤雄基「大江広元と三善康信(善信)」(「中世の人物　京・鎌倉の時代編」第 3 巻、清文堂出版、2014 年)

佐野みどり「物語る力」(五味文彦・佐野みどり・松岡心平『中世文化の美と力』〔「日本の中世」7〕中央公論社、2002 年)

塩澤寛樹『鎌倉大仏の謎』(吉川弘文館、2010 年)

白井克浩「『金槐和歌集』の政治的背景」(『芸林』53─1、2004 年)

白井克浩「承久の乱再考」(『ヒストリ』第 189 号、2004 年)

白根靖大『中世の王朝社会と院政』(吉川弘文館、2000 年)

鈴木彰・樋口州男編『後鳥羽院のすべて』(新人物往来社、2009 年)

関幸彦『承久の乱と後鳥羽院』(「敗者の日本史」6、吉川弘文館、2012 年)

高橋慎一朗『武家の古都、鎌倉』(「日本史リブレット」21、山川出版社、2005 年)

高橋典幸『源頼朝』(「日本史リブレット」26、山川出版社、2010 年)

高橋典幸「鎌倉幕府論」(『中世 1』〔「岩波講座　日本歴史」第 6 巻〕岩波書店、2013 年)

高橋典幸「後白河院」(『保元・平治の乱と平氏の栄華』〔「中世の人物　京・鎌倉の時代編」第 1 巻〕清文堂出版、2014 年)

高橋秀樹「吾妻鏡と和田合戦」(神奈川県立図書館『郷土神奈川』44、2006 年)

高橋秀樹「鎌倉時代の三浦半島と三浦一族」(横須賀市編『新横須賀市史』通史編、2012 年)

高橋秀樹「藤原兼実」(『治承〜文治の内乱と鎌倉幕府の成立』

〔「中世の人物　京・鎌倉の時代編」第2巻〕清文堂出版、2014年）

　　高橋秀樹『三浦一族の研究』（吉川弘文館、2016年）

　　高橋昌明編『院政期の内裏・大内裏と院御所』（「平安京・京都研究叢書」1、文理閣、2006年）

　　田辺旬「北条義時」（『公武権力の変容と仏教界』〔「中世の人物　京・鎌倉の時代編」第3巻〕清文堂出版、2014年）

　　田渕句美子『新古今集』（角川学芸出版、2010年）

　　辻浩和『中世の〈遊女〉』（「プリミエ・コレクション」82、京都大学学術出版会、2017年）

　　寺島恒世『後鳥羽院和歌論』（笠間書院、2015年）

　　豊永聡美『天皇の音楽史』（吉川弘文館、2017年）

　　永井晋『鎌倉源氏三代記』（吉川弘文館、2010年）

　　永井路子『つわものの賦』（文芸春秋、1978年）

　　長村祥知『中世公武関係と承久の乱』（吉川弘文館、2015年）

　　長村祥知「藤原秀康」（『公武権力の変容と仏教界』〔「中世の人物　京・鎌倉の時代編」第3巻〕清文堂出版、2014年）

　　野口実『武家の棟梁の条件』（中央公論社、1994年）

　　野口実「慈光寺本『承久の乱』の史料的価値に関する一考察」（京都女子大学宗教・文化研究所『研究紀要』第18号、2005年）

　　野口実「承久の乱における三浦義村」（『明月記研究』10、2005年）

　　野口実『源氏と坂東武士』（吉川弘文館、2007年）

　　野口実『武門源氏の血脈』（中央公論社、2012年）

　　野口実「治承〜文治の内乱と鎌倉幕府の成立」（『治承〜文治の内乱と鎌倉幕府の成立』〔「中世の人物　京・鎌倉の時代編」第2巻〕清文堂出版、2014年）

　　野口実・長村祥知「承久宇治川合戦の再評価」（京都女子大学宗教・文化研究所『研究紀要』第23号、2010年）

　　樋口健太郎「藤原忠通と基実」（『保元・平治の乱と平氏の栄華』

〔「中世の人物　京・鎌倉の時代編」第1巻〕清文堂出版、2014年)

　　樋口芳麻呂『校注　金槐和歌集』(新潮社、1981年)

　　樋口芳麻呂『後鳥羽院』(「王朝の歌人」10、集英社、1985年)

　　平岡豊「後鳥羽院西面について」(『日本史研究』316、1988年)

　　平岡豊「藤原秀康について」(『日本歴史』516、1991年)

　　平山浩三「一国平均役賦課における鎌倉幕府と荘園」(『日本歴史』565、1995年)

　　古澤直人「和田合戦と横山時兼」(『法政大学多摩論集』23、2007年)

　　本郷和人『中世朝廷訴訟の研究』(東京大学出版会、1995年)

　　本郷恵子『京・鎌倉ふたつの王権』(「日本の歴史」第6巻、小学館、2008年)

　　本郷恵子「院政論」(『中世1』〔「岩波講座　日本歴史」第6巻〕岩波書店、2013年)

　　松島周一「和田合戦の展開と鎌倉幕府の権力状況」(『日本歴史』515、1991年)

　　真鍋淳哉「三浦義村」(『公武権力の変容と仏教界』〔「中世の人物　京・鎌倉の時代編」第3巻〕清文堂出版、2014年)

　　丸谷才『後鳥羽院』(「日本詩人選」10、筑摩書房、1973年。第二版は2004年)

　　美川圭「京・白河・鳥羽」(『院政の展開と内乱』〔「日本の時代史」7〕吉川弘文館、2002年)

　　美川圭『院政』(中央公論社、2006年)

　　美川圭「後鳥羽院」(『公武権力の変容と仏教界』〔「中世の人物　京・鎌倉の時代編」第3巻〕清文堂出版、2014年)

　　宮田敬三「「承久京方」表・分布小考」(『立命館史学』22、2001年)

　　宮田敬三「承久の乱における京方の軍事動員」(『古代文化』61—3、2009年)

　　目崎徳衛『史伝　後鳥羽院』(吉川弘文館、2001年)

元木泰雄『平清盛の闘い』(角川書店、2001年)

元木泰雄「院政の展開と内乱」(〔「日本の時代史」7〕吉川弘文館、2002年)

元木泰雄『河内源氏』(中央公論社、2011年)

元木泰雄「保元・平治の乱と平氏の栄華」(『保元・平治の乱と平氏の栄華』〔「中世の人物　京・鎌倉の時代編」第1巻〕清文堂出版、2014年)

山岡瞳「西園寺公経」(公武権力の変容と仏教界』〔「中世の人物　京・鎌倉の時代編」第3巻〕清文堂出版、2014年)

山田雄司『跋扈する怨霊』(吉川弘文館、2007年)

山本陽子『絵巻における神と天皇の表現』(中央公論美術出版、2006年)

弓削繁『六代勝事記の成立と展開』(風間書房、2003年)

横内裕人「藤原頼長」(『保元・平治の乱と平氏の栄華』〔「中世の人物　京・鎌倉の時代編」第1巻〕清文堂出版、2014年)

吉野朋美『後鳥羽院』(コレクション日本歌人選、笠間書院、2012年)

吉野朋美『後鳥羽院とその時代』(笠間書院、2015年)

渡部泰明『中世和歌の生成』(若草書房、1999年)

渡部泰明『和歌とは何か』(岩波書店、2009年)

渡邊裕美子『最勝四天王院障子和歌全釈』(風間書房、2007年)

渡邊裕美子『新古今時代の表現方法』(風間書房、2010年)

渡邊裕美子『歌が権力の象徴になるとき』(角川学芸出版、2011年)